G. Lamprecht

Einführung in die Programmiersprache FORTRAN 77

Günther Lamprecht

Einführung in die Programmiersprache FORTRAN 77

Skriptum für Hörer
aller Fachrichtungen ab 1. Semester

Springer Fachmedien Wiesbaden GmbH

CIP-Kurztitelaufnahme der Deutschen Bibliothek

Lamprecht, Günther:
Einführung in die Programmiersprache
FORTRAN 77 [Siebenundsiebzig]: Skriptum
für Hörer aller Fachrichtungen ab 1.
Semester/Günther Lamprecht. —
Braunschweig; Wiesbaden: Vieweg, 1981.
  (Uni-Text)

ISBN 978-3-528-03345-3   ISBN 978-3-663-14158-7 (eBook)
DOI 10.1007/978-3-663-14158-7

1. Auflage 1981
  Nachdruck 1983

Inhaltsverzeichnis

Vorwort

FORTRAN IV ist die im wissenschaftlichen Bereich am weitesten verbreitete Programmiersprache. Für fast alle Rechenanlagen und in zunehmendem Maße auch in Tischrechnern („intelligenten Terminals") stehen FORTRAN-Compiler zur Verfügung.

Bedingt durch das große Spektrum von Rechenanlagen mit den vielfältigen Bedürfnissen der verschiedensten Anwendungsgebiete wurden viele Sprach-erweiterungen von FORTRAN IV vorgenommen, so daß heute eine fast unübersehbare Zahl von „Sprachdialekten" vorliegt. Obwohl FORTRAN IV eine sogenannte höhere Programmiersprache ist und damit die Programme eigentlich unabhängig von der benutzten Rechenanlage sein sollten, haben die verschiedenen FORTRAN-Dialekte zu Umstellungsschwierigkeiten ge-führt. Deshalb war es notwendig und konsequent, einen neuen FORTRAN-Standard zu schaffen. Dies ist mit FORTRAN 77 geschehen, das im wesent-lichen eine Erweiterung von FORTRAN IV darstellt und so die früheren Abweichungen soweit wie möglich in den Standard aufnimmt.

Das vorliegende Buch führt in die Programmiersprache FORTRAN 77 an Hand von Beispielen ein, wobei gleichzeitig auf abweichende Sprachelemente von FORTRAN IV eingegangen wird. Die Beispiele und Aufgaben sind so gewählt, daß sie ohne allzu große Vorkenntnisse mit den dargestellten FORTRAN-Anweisungen gelöst werden können. Dabei lernt der Leser mit Ausnahme weniger Anweisungen den gesamten Sprachumfang von FORTRAN 77 kennen.

Frau U. Kleinschmidt möchte ich an dieser Stelle für ihre Sorgfalt beim Schreiben der Druckvorlage danken.

Bremen, im März 1981 *Günther Lamprecht*

Einleitung

Von der Formulierung eines Problems bis hin zu seiner Lösung können wir folgende
Stationen angeben, die nacheinander zu durchlaufen sind:

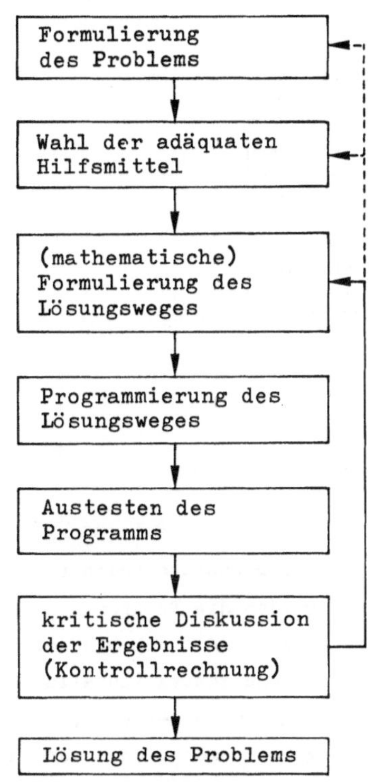

Entscheidet man sich bei der Auswahl der
adäquaten Hilfsmittel für die Anwendung
einer Rechenanlage, so muß der Lösungsweg
in eindeutiger Weise beschrieben werden.
Alle möglichen Sonderfälle müssen erkannt
und berücksichtigt sein. Erst dann kann
man den Lösungsweg – etwa in der
Programmiersprache Fortran – programmieren.

Nachdem das Programm in allen Einzelheiten
(am Schreibtisch) aufgestellt ist, kann
es Anweisung für Anweisung abgelocht, d.h.
auf Lochkarten übertragen werden. Das
Paket von Lochkarten stellt das Programm
in einer für die Rechenanlage "lesbaren"
Form dar.[+)]

Die Rechenanlage liest das Programm, das
in einer sogenannten problemorientierten
Sprache formuliert ist, und übersetzt die
einzelnen Anweisungen mit Hilfe eines
besonderen Programms, des sogenannten
Compilers, in eine für die Maschine unmittelbar verständliche Sprache
("maschinenorientierte Sprache").

In dieser Phase werden von dem Compiler alle Verstöße gegen die Regeln der
problemorientierten Sprache erkannt und dem Programmierer mitgeteilt.

Ist das Programm ausgetestet, d.h. sind alle formalen Fehler beseitigt und
liefert das Programm die berechneten Werte, so sind die Ergebnisse einer
kritischen Diskussion zu unterziehen. Von dieser Diskussion hängt es ab, ob

  der Lösungsweg anders beschrieben,

  die Wahl der adäquaten Hilfsmittel anders getroffen

oder das Problem anders formuliert

werden muß. Erst dann, wenn die Rechnung die gewünschten Ergebnisse liefert,
kann das betrachtete Problem als gelöst angesehen werden.

[+)]Die Lochkarten stellen nicht die einzige Eingabemöglichkeit für Programme dar,
wir werden sie aber wegen ihrer Anschaulichkeit hier beschreiben.

Für den formalen Aufbau der Programmiersprache Fortran ist es unwesentlich,
welche Konfiguration die benutzte Rechenanlage besitzt. Zum Verständnis ist
es aber sicher gut, den prinzipiellen Aufbau einer Rechenanlage zu kennen.
Er soll daher hier schematisch angegeben werden.

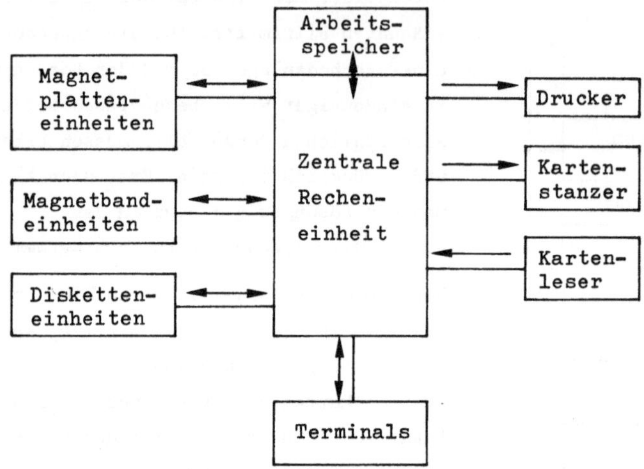

Von der zentralen Recheneinheit werden alle Geräte der Rechenanlage bedient.
Sie ist sozusagen das Herzstück. Über den Kartenleser werden die Programme
(und eventuell zugehörige Daten) in die Rechenanlage gegeben. Auf dem Drucker
erscheinen ein Protokoll der eingegebenen Programmkarten und zusätzlich alle
Fehlermeldungen, die das Programm betreffen. Ist das Programm ausgetestet,
können die Ergebnisse ebenfalls über den Drucker ausgegeben werden, und zwar in
der Form, die im Programm vorgesehen ist.

Im Arbeitsspeicher wird das Programm während der gesamten Ausführungszeit
aufbewahrt und außerdem werden hier alle vom Programm angeforderten Speicherplätze reserviert. Über die Magnetband- und Magnetplatteneinheiten kann man
externe Speichermedien (Magnetbänder, Magnetplatten) ansprechen und so Daten
ein- oder ausgeben. Durch den Kartenstanzer können Programmkarten dupliziert
oder berechnete Daten auf Lochkarten ausgegeben werden, die man später über den
Kartenleser erneut eingeben kann.

In den letzten Jahren verloren die Lochkarten als Datenträger an Bedeutung. An
ihre Stelle traten als Programm-Eingabe-Möglichkeiten zunächst Time-Sharing-Geräte
("Terminals"), die dem Programmierer den unmittelbaren Zugang zur Rechenanlage
gaben. Neuerdings werden an den Terminals Disketten ("floppy disk") eingesetzt.
Dies sind runde Kunststoffscheiben mit einer oder zwei magnetisierbaren Ober-
flächen, auf denen die Information von 1ooo bis 5ooo Lochkarten abgespeichert

werden kann. Gemeinsam ist den Eingabe-Medien für Programme, daß sie die
Information wie bei den Lochkarten strukturieren ("Kartenabbild"); aus diesem
Grunde wollen wir im folgenden die anschaulichere und anfaßbare Lochkarte
zugrunde legen.

In Fortran kann man als Grundelement Variable und Konstanten mit unterschiedlichen Eigenschaften handhaben. Hierzu zählen

- ganzzahlige Größen   (INTEGER)
- reellwertige Größen   (REAL und DOUBLE PRECISION)
- komplexwertige Größen   (COMPLEX)
- logische Größen   (LOGICAL)

und zusätzlich in Fortran 77
- Zeichen-Größen   (CHARACTER)

Die einzelnen Grundelemente kann man zu größeren Einheiten verknüpfen
(z.B. arithmetische Ausdrücke, Boolesche Ausdrücke, Zeichenausdrücke), man
kann ihre Werte ausgeben lassen (WRITE-Anweisungen) oder den Variablen Werte
durch Zuweisungen oder Eingabe-Anweisungen (READ) von externen Speichern
übermitteln.

Darüberhinaus kann man ein Programm durch Schleifen, Unterprogramme und bei
Fortran 77 auch durch Blöcke strukturieren. Die einzelnen Sprachelemente sollen
in den folgenden Kapiteln an Hand einfacher Beispiele beschrieben werden.
Dabei ist das Ziel nicht eine vollständige Beschreibung der Sprache – diese kann
man später im Handbuch nachlesen.[+] Vielmehr soll das Verständnis für die Sprache
geweckt werden, wobei man bei späteren Anwendungen bewußt auf solche Teile der
Sprache verzichten sollte, die Schwierigkeiten beim Übergang von einer Anlage
zur nächsten verursachen.

[+] Trotzdem sind bis auf wenige, in der Praxis kaum benötigte Statements alle
Anweisungen von Fortran 77 beschrieben; vgl. Anhang D, Seite 13o.

1 Ein einfaches Beispiel

In diesem Abschnitt wollen wir uns die Aufgabe stellen, den Mittelwert m
zweier Zahlen a und b mit Hilfe der Rechenanlage zu berechnen:

$$m = \frac{a+b}{2} \quad \text{und es sei} \quad a = 1,4 \quad b = 2,1$$

Wie man sofort im Kopf ausrechnen kann, wird m den Wert 1,75 erhalten.
Das Problem ist daher nicht, den Wert für m zu bestimmen, sondern wie man
die Aufgabe in Fortran beschreibt, also "programmiert". Wir wollen das
Programm geschlossen angeben und anschließend erläutern.

Beispiel 1.1

```
      REAL A,B,M
      A = 1.4
      B = 2.1
      M = (A+B)/2.0
      WRITE (6,100) A,B,M
  100 FORMAT (1X,8F16.6)
      STOP
      END
```

Durch die "Deklarations"-Anweisung

```
      REAL A,B,M
```

werden 3 Speicherplätze angefordert, für die die Namen A, B und M festgelegt
werden. Da sich im Laufe des Programms die Inhalte der Speicherplätze ändern
können, spricht man statt von Speicherplätzen allgemein von "Variablen", die
einen bestimmten Typ - hier REAL - besitzen. Damit ist gleichzeitig festgelegt,
in welcher Form die Zahlen in den Variablen abgespeichert werden und damit
wiederum, aus welchem Zahlenbereich die Werte genommen sein dürfen. An dieser
Stelle gehen Eigenschaften der benutzten Rechenanlage ein (vgl. Anhang A,
Seite 121).

Die Namen für die Variablen dürfen von uns in gewissem Umfang frei gewählt
werden: Das erste Zeichen muß ein Buchstabe sein, dann dürfen sich Buchstaben
und Ziffern in beliebiger Reihenfolge anschließen.[+] Die maximal zulässige

---

[+] Mit "Buchstaben" werden die Großbuchstaben A,B,...,Z bezeichnet.
Früher war das Dollarzeichen ($) den Buchstaben gleichgestellt. Dies gilt
auch heute noch für einzelne Compiler (z.B. Fujitsu, IBM, SIEMENS), obwohl
es nicht dem Standard Fortran 77 entspricht.

Länge eines Variablennamens ist im Sprachstandard auf 6 Zeichen festgelegt. Es gibt zwar Compiler, die eine größere Anzahl zulassen, man sollte diese Möglichkeit nicht ausnutzen, da sie keine wesentliche Erweiterung, sondern nur eine Erschwernis beim Übergang von einer Rechenanlage zur anderen darstellt.

Es versteht sich fast von selbst, daß die von uns für Variable (oder andere, später zu erklärende Größen) gewählten Namen untereinander verschieden sein müssen und nicht mit anderen, von der Sprache her vorgegebenen Namen oder "Schlüsselwörtern" wie z.B. WRITE oder END übereinstimmen dürfen.

Die Variablen erhalten irgendwo im Arbeitsspeicher ihren Platz zugewiesen; wo es ist, braucht uns nicht zu interessieren: Die Variable ist durch ihren Namen eindeutig identifizierbar. Wichtig ist für uns, daß der bisherige Inhalt des Speicherplatzes mit der Deklarationsanweisung nicht gelöscht wird: Es steht zunächst der Wert, der von einem Vorgänger-Programm hinterlassen wurde, in den Speicherplätzen; wir müssen dafür sorgen, daß die alten Werte überschrieben werden und die Variablen A und B die Werte 1,4 und 2,1 erhalten. Dies geschieht durch die beiden Wertzuweisungen

```
A = 1.4
B = 2.1
```

Man beachte: Das Dezimalkomma der beiden Konstanten 1,4 und 2,1 ist durch den Dezimalpunkt zu ersetzen, wie es in angelsächsischen Ländern üblich ist.

In der Variablen A ist nun der Wert 1,4 in der "Gleitkommadarstellung" verschlüsselt, wie es im Anhang A, Seite 121, beschrieben ist. Entsprechend steht auf dem Speicherplatz B der Wert 2,1 in der Gleitkommadarstellung.

Wir können jetzt den arithmetischen Ausdruck zur Berechnung des Mittelwertes m programmieren

```
M = (A+B)/2.0
```

Diese Anweisung hat man folgendermaßen zu interpretieren:

Die Inhalte der Speicherplätze A und B werden abgerufen und addiert. Damit ist der Klammerausdruck berechnet. Das Zwischenergebnis (=3,5) wird durch 2 dividiert (=1,75). Das Endergebnis wird der Variablen mit Namen M zugewiesen. Die Speicherplätze A und B sind dabei unverändert geblieben.

Der Wert für m soll nicht nur berechnet, sondern zusammen mit a und b ausgedruckt werden. Hierzu sind die beiden folgenden Anweisungen erforderlich, die erst später im einzelnen erläutert werden sollen.

```
    WRITE (6,100) A,B,M
100 FORMAT (1X,8F16.6)
```

Wichtig ist im Augenblick nur, daß nach dem Schlüsselwort

```
    WRITE (6,100)
```

die Namen der Variablen durch Kommata getrennt aufgeführt werden müssen,
deren Werte ausgedruckt werden sollen. Diese "Liste" der Variablen darf
beliebig lang sein; wie die zugehörigen Werte im einzelnen ausgedruckt
werden, wird durch die Angaben in der FORMAT-Anweisung gesteuert.[+)] Auch
hierauf wird später ausführlich eingegangen. Vorläufig werden wir alle
Druckanweisungen zur Ausgabe von Variablen des Typs REAL in dieser von uns
vorgegebenen Standardform schreiben.

Unser Programm wird beendet - wie jedes Fortran-Programm - durch die beiden
Anweisungen

```
    STOP
    END
```

Nachdem das Programm zur Berechnung des Mittelwertes von zwei Zahlen angegeben und erläutert worden ist, stellt sich nun die Frage, wie wir das
Programm der Rechenanlage mitteilen können.

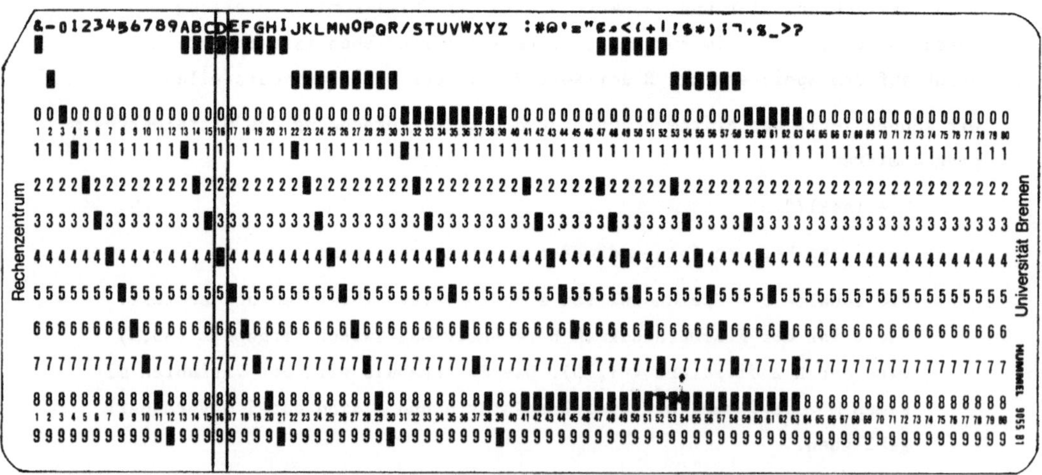

In der abgebildeten Karte sind die auf dem Locher vorhandenen Zeichen in
systematischer Reihenfolge abgelocht. Die Lochkombination einer jeden
Spalte stellt das darüber gedruckte Zeichen in maschinenlesbarer Form dar.

[+)] a) Die Angabe 6 in der WRITE-Anweisung sorgt dafür, daß die Ausgabe auf dem
Drucker erscheint.
b) Die Formatangabe braucht nicht unmittelbar der WRITE-Anweisung zu folgen:
Über die Nummer 100 - allgemein die Formatnummer - ist eine Verknüpfung
von der WRITE-Anweisung mit genau einem Format möglich.

In der Programmiersprache Fortran wird jede Anweisung auf einer neuen Lochkarte begonnen. Zum Ablochen der Anweisung, des sogenannten "Statements",
sind die Spalten 7 bis 72 (jeweils einschließlich) vorgesehen. Reichen diese
Spalten einer einzigen Lochkarte nicht aus, um die Anweisung abzulochen,
so kann man sie auf einer zweiten (oder dritten usw.) Karte in den Spalten 7
bis 72 fortsetzen. Hierzu muß man in der Fortsetzungskarte in Spalte 6 ein
von der Ziffer 0 verschiedenes Zeichen lochen.[+)]

In den Spalten 1 bis 5 kann man eine Zahl (bestehend aus den Ziffern 0,1,...,9)
ablochen, die dann die Nummer dieses Statements ist. Die Wahl der Statement-
nummer ist willkürlich, sie darf nur mit keiner anderen Statementnummer des
betreffenden Programms übereinstimmen. Z.B. besitzt die Format-Angabe im
Beispiel 1.1 die Anweisungsnummer 100. Man darf die Statementnummer in beliebiger Weise in den ersten fünf Spalten eintragen,[++)] aber man sollte sich
aus Gründen der Übersichtlichkeit angewöhnen, die jeweilige Nummer "rechtsbündig",
d.h. in der letzten Spalte endend, in das vorgesehene Feld zu schreiben.

In den Spalten 73 bis 80 kann man eine Kennzeichnung der Programmkarten und
gleichzeitig auch eine Durchnumerierung vornehmen.[+++)] Der Inhalt dieser
Spalten hat keinen Einfluß auf den Ablauf des Programms: Sie werden von dem
Compiler überlesen.

Die Fortran-Programm-Karten haben damit folgende Struktur:

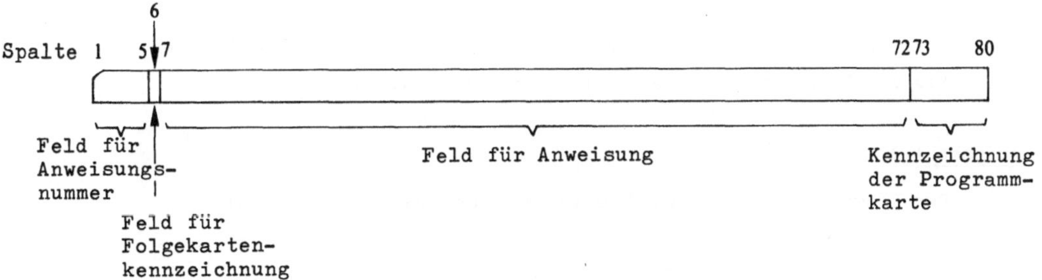

[+)] Im Fortran 77-Standard sind maximal 9 (Subset) bzw. 19 Folgekarten (voller
      Sprachumfang) vorgesehen. Die meisten Compiler lassen mehr Folgekarten zu,
      man sollte sich aber aus Gründen der Übersichtlichkeit auf jeweils nur
      wenige Folgekarten beschränken.

[++)] Zum Beispiel kann man schreiben: $\begin{array}{|c c c|}\hline 1 & 0 & 0 \\\hline\end{array}$

                                        Spalte 1   5

[+++)] Bei den neueren Eingabegeräten wie z.B. Diskette oder Terminal ist die Kenn-
       zeichnung der Programmkarten nicht mehr erforderlich, trotzdem wird das
       "Kartenabbild" auch hier zugrunde gelegt.

An beliebiger Stelle darf man für den menschlichen Leser, der an Hand der
Programmliste die einzelnen Anweisungen analysieren will, Kommentarkarten
einfügen. Sie werden in der ersten Spalte durch ein C gekennzeichnet; in
Fortran 77 darf man sowohl den Buchstaben C als auch das Zeichen * (Stern)
verwenden.

Die hier angegebenen Erläuterungen müßten zum Ablochen des Programms von
Beispiel 1.1 ausreichend sein. Nun genügt es nicht, nur die Fortran-Karten
einzugeben: Der Rechenanlage muß mitgeteilt werden, daß es sich um einen
Auftrag ("Job") handelt und es muß das Fortran-Übersetzungsprogramm
("Compiler") aufgerufen werden usw. Da diese sogenannten Steuerkarten für
jede Rechenanlagen-Installation verschieden sind, sollen sie hier nur
schematisch angegeben werden, um anzudeuten, in welche Umgebung die Fortran-
Programmkarten einzubetten sind:

    Job-Karte

    Aufruf des Fortran-Compilers

        Fortran-
        Programmkarten

    eventuell zusätzliche Steuerkarten zur Ausführung
    des Programms und

    Job-Ende-Karte

Aufgabe 1.1

Bitte lochen Sie die Programmkarten von Beispiel 1.1 ab und bringen
Sie das Programm auf einer Rechenanlage zum Laufen.

Aufgabe 1.2

Der Flächeninhalt F eines Dreiecks mit den Seiten a, b, c ist
gegeben durch

$$F = \sqrt{s(s-a)(s-b)(s-c)} \quad \text{mit } s = \frac{a+b+c}{2}$$

Bitte schreiben Sie ein Programm, das den Flächeninhalt für ein Dreieck
mit den Seiten a=2 b=3,5 c=4 berechnet und ausgibt.

Hinweis: 1) Für die Multiplikation ist das Zeichen * zu verwenden.
         2) Statt der Wurzeln $\sqrt{\ldots}$ kann man die Hochzahl $(\ldots)^{0.5}$
           wählen, wobei für die Exponentiation das Doppelzeichen **
           zu verwenden ist.

2 Bildung arithmetischer Ausdrücke

Im vorausgehenden Abschnitt haben wir Variable mit dem Typ REAL vorgestellt.
In ihnen können wir reellwertige Zahlen ("Gleitkommazahlen") speichern. -
Wenn man auf Grund einer bestimmten Aufgabenstellung in einzelnen Variablen
nur ganzzahlige (positive oder negative) Werte speichern will, so kann man
für diese Variablen den Typ INTEGER vereinbaren. Man hat hierzu nach dem
Schlüsselwort INTEGER die Variablennamen durch Kommata getrennt aufzuführen.
Die Speicherungsform ist exemplarisch im Anhang A, Seite 121, beschrieben.

Ebenso wie bei den Variablen kann man auch bei den Konstanten einen unterschiedlichen Typ festlegen: Besitzt eine Konstante - wenn man einmal von ihrem
Vorzeichen absieht - nur eine Folge von Ziffern, so stellt sie eine ganze Zahl
dar, oder, wie man auch sagt: Eine INTEGER-Konstante. Eine negative Konstante
wird durch das Minus-Zeichen (-) vor ihrer Ziffernfolge gekennzeichnet; bei
einer positiven Zahl kann das Plus-Zeichen (+) als Vorzeichen vor der Ziffernfolge entfallen.

Eine reellwertige Konstante (REAL-Konstante) besitzt neben dem Vorzeichen und
der Ziffernfolge einen Dezimalpunkt. Je nach dem gewünschten Wert wird der
Dezimalpunkt vor, in oder nach der Ziffernfolge angegeben. Beispiele für
REAL-Konstanten sind etwa:

$$1.3 \quad -.7 \quad 2. \quad + 128.0$$

Man beachte besonders, daß 2. und ebenso 128.0 REAL-Konstanten sind, da sie
einen Dezimalpunkt besitzen, obwohl sie wertmäßig mit einer ganzen Zahl
identisch sind.[+)]

Nun können die REAL-Konstanten über einen großen Zahlenbereich streuen.
Es wäre deshalb unbequem, die Werte nur in der gerade beschriebenen Weise
angeben zu können. So kann man beispielsweise umformen:

$$1273 = 1,273 \cdot 10^3 = 12,73 \cdot 10^2$$

oder ebenso

$$0,0001273 = 1,273 \cdot 10^{-4} = 0,01273 \cdot 10^{-2}$$

In Fortran kann man diese Konstanten entsprechend angeben, wobei an Stelle
der Basis 10 der Buchstabe E (für Exponent) anzugeben ist

| für | 1273 | : | 1.273E3 | 12.73E+2 |
| für | 0,0001273 | : | 1.273E-4 | 0.01273E-2 |

[+)] Im Hinblick auf die Auswertung arithmetischer Ausdrücke ist die Beachtung des
kleinen Unterschieds wichtig; vgl. Seite 11 und 97.

Eine Real-Konstante hat damit in einem Fortran-Programm folgende allgemeine
Form:[+)]

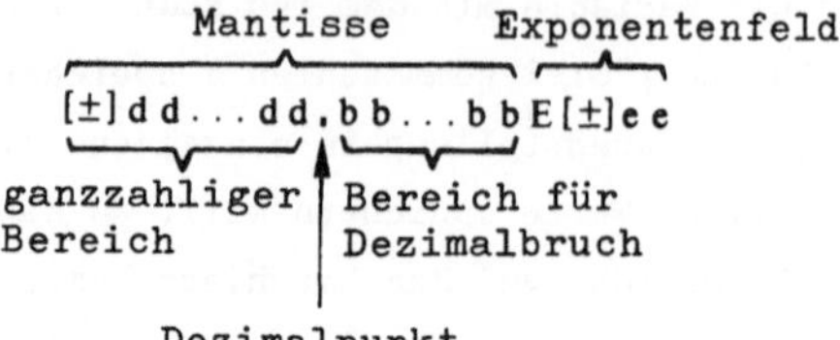

Bei dieser allgeinen Form dürfen alternativ

 der Dezimalpunkt oder das Exponentenfeld

und ferner dürfen alternativ

 der ganzzahlige Bereich oder der Bereich für den Dezimalbruch

leer sein. So sind

  1273.   .1273E4   1273E0

zulässige Darstellungen für die REAL-Konstante mit dem Wert 1273.0

Aus den Größen

  INTEGER-Variable

  INTEGER-Konstante

  REAL-Variable

  REAL-Konstante

können wir mit Hilfe arithmetischer Operatoren beliebig komplizierte
arithmetische Ausdrücke formen. Als Operatoren stehen uns dabei zur Verfügung:

Zeichen	Bedeutung	Rang
**	Exponentiation	1
*	Multiplikation	2
/	Division	
+	Addition	3
–	Subtraktion	

Zusätzlich dürfen Sonderzeichen (und) benutzt werden, um Klammern
für die Auswertungsreihenfolge zu setzen.

Ein gegebener arithmetischer Ausdruck wird schrittweise so reduziert, daß
jeweils zwei durch einen Operator verbundene Operanden zu einem Zwischenergebnis
zusammengefaßt werden. Welche zwei Operanden zuerst zusammengefaßt werden
und welche später, hängt von dem Rang des Operators ab (s.o.). Der Typ jedes

---

[+)]Die Anzahl der möglichen Ziffern hängt von der benutzten Rechenanlage ab; falls
man mehr Ziffern angibt, erhöht sich damit nicht die interne Genauigkeit
(vgl. Seite 13 und Anhang A, Seite 121).

einzelnen Zwischenergebnisses wird bestimmt von dem Typ der unmittelbar beteiligten Operanden. Besitzen beide Operanden den Typ INTEGER, so ist das Zwischenergebnis vom Typ INTEGER und sonst vom Typ REAL. Wir wollen die Konsequenzen an einem Beispiel verdeutlichen.

<u>Beispiel 2.1</u>

```
REAL W,A,B
INTEGER N
N = 4
A = 3.5
B = 1.5
W = 7/N*(A+B)-B**2/3
...
```

Die Operatoren / und * des ersten Teilausdruckes 7/N*(A+B) haben denselben Rang; deshalb wird der arithmetische Ausdruck schrittweise "von links nach rechts" zusammengefaßt und zuerst der Ausdruck

$$7/N$$

berechnet und das Zwischenergebnis in einer Hilfsvariablen z_1 zwischengespeichert. Die Hilfsvariable z_1 besitzt den Typ INTEGER, weil 7 eine INTEGER-Konstante ist und N eine INTEGER-Variable. Der rechnerische Wert $7/N = 1,75$ wird zu Null hin gerundet, so daß als Zwischenergebnis

$$z_1 = 1$$

ermittelt wird.

Damit ist der arithmetische Ausdruck reduziert auf

$$z_1*(A+B)-B**2/3$$

Als nächstes ist der Klammerausdruck (A+B) auszuwerten:

$$z_2 = (A+B) = 5.$$

wobei die Hilfsvariable z_2 den Typ REAL besitzt. Damit ist der Ausdruck reduziert auf

$$z_1*z_2-B**2/3$$

und es wird jetzt die Multiplikation der beiden Hilfsvariablen z_1 und z_2 durchgeführt.

$$z_3 = z_1*z_2 = 5.$$

womit der arithmetische Ausdruck zu

$$z_3 - B**2/3$$

reduziert ist. Da die Exponentiation den höchsten Rang besitzt, wird nun

$$z_4 = B**2$$
$$= 2.25$$

berechnet, womit jetzt der arithmetische Ausdruck lautet:

$$z_3 - z_4/3$$

Nun wird die Division wegen des höheren Rangs gegenüber der Subtraktion
ausgeführt:

$$z_5 = z_4/3$$
$$= 0.75$$

und wir erhalten als reduzierten arithmetischen Ausdruck

$$z_3 - z_5$$

der nun auszuwerten ist:

$$z_6 = z_3 - z_5$$
$$= 4.25$$

Dieser Wert wird schließlich auf Grund der Anweisung (s.o.)

$$W = \ldots$$

der Variablen W zugewiesen.

Benutzt wurden bei der Auswertung des arithmetischen Ausdruckes die
folgenden Regeln:

1) Multiplikation und Division sind vor Addition und Subtraktion auszuführen.

2) Bei gleichrangigen Operationen (Multiplikation und Division, Addition und
   Subtraktion) ist die weiter links stehende zuerst auszuführen.

Zusätzlich gilt:

3) Bei mehreren unmittelbar aufeinanderfolgenden Exponentiationen ist die am
   weitesten rechts stehende zuerst auszuführen.[+]

Man mache sich klar, daß die Auswertungsreihenfolge eine Bedeutung für das
Ergebnis eines arithmetischen Ausdrucks besitzt: Eine andere Reihenfolge
kann dazu führen, daß

[+] Es ist also a**b**c mit a**(b**c) gleichbedeutend. Es empfiehlt sich aber,
hierbei in jedem Fall zur Verdeutlichung Klammern zu setzen.

- für ein Zwischenergebnis der zulässige Zahlenbereich verlassen wird,
- für ein Zwischenergebnis ein größerer Genauigkeitsverlust eintritt,
- ein Zwischenergebnis verschwindet.

Hierzu soll die nachfolgende Aufgabe als Beispiel dienen:

Aufgabe 2.1

Welche Werte haben die Variablen nach Durchlaufen des folgenden
Programmausschnitts bei Zugrundelegen einer Zahlendarstellung, wie
sie im Anhang A, Seite 121, beschrieben ist?

```
REAL A,B,C,D
INTEGER J,K,N
K = 1234567890
J = 10
A = J**(-2)
B = J**(-2.)
C = K*5/J
D = K*(5/J)
N = (K+0.)*5/J
...
```

Hinweis: Sie können die angegebenen Anweisungen zu einem Programm vervoll-
        ständigen und sich die berechneten Werte ausdrucken lassen.
        Wie sind die Ergebnisse zu interpretieren?

Für eine Reihe von Aufgaben reicht die Genauigkeit der Zahlendarstellung bei
Konstanten und Variablen vom Typ REAL nicht aus. Dies kann bei längeren
arithmetischen Ausdrücken der Fall sein oder bei komplexeren Berechnungen.
In Fortran ist deshalb ein weiterer Datentyp vorgesehen, nämlich Konstanten
und Variablen mit dem Typ

    DOUBLE PRECISION

für "doppelte Genauigkeit". Will man für einzelne Variable diesen Typ vorsehen, so hat man sie nach den beiden Schlüsselwörtern[+)] durch Kommata
getrennt aufzuzählen. Die interne Zahlendarstellung ist in Anhang A, Seite 123,
exemplarisch dargestellt.

Eine "doppelt genaue" Konstante gibt man ähnlich an wie eine REAL-Konstante,
wobei der Buchstabe E, der das Exponentenfeld einleitet, durch den Buchstaben D

[+)] Neben den Schlüsselwörtern DOUBLE PRECISION kann bei einigen Compilern auch
das Schlüsselwort REAL*8 benutzt werden. Man sollte dies nicht tun, da es
nicht im Standard-Sprachumfang Fortran 77 enthalten ist.

zu ersetzen ist. So wird durch

    1.273D-2

die Zahl 0,01273 in der "doppelt genauen" Speicherungsform angegeben.

Bei einigen Compilern konnte man durch eine hinreichend große Anzahl von
Ziffern ebenfalls erreichen, daß als Speicherungsform DOUBLE PRECISION
gewählt wurde. Dies ist im neuen Standard Fortran 77 nicht vorgesehen:
Zuviel angegebene Ziffern erhöhen die Genauigkeit nicht, sie werden gerundet.
Es ist deshalb (auf einer Rechenanlage mit 6 Ziffern Rechengenauigkeit für
REAL) die Konstante

    3.141592653 verschieden von der Angabe
    3.141592653D0

(die erste Konstante wird gerundet auf 3.14159).

Es ist zwar erlaubt, in einem arithmetischen Ausdruck Größen vom Typ REAL
und Größen vom Typ DOUBLE PRECISION miteinander zu vermischen, man sollte
dies jedoch nicht tun. Falls man auf Grund der Problemstellung gezwungen ist,
mit doppelter Genauigkeit zu rechnen, sollte man für _alle_ reellwertigen
Größen konsequent den Typ DOUBLE PRECISION vorsehen. Bei gemischten Ausdrücken
können sich leicht Rundungsfehler einschleichen, die sehr schwer zu lokalisieren
sind. Außerdem fallen die Gründe für gemischte Ausdrücke (Verkürzung der
Rechenzeit, geringerer Bedarf an Arbeitsspeicher) heute kaum noch ins Gewicht.

3 Schleifensteuerung, logische Größen

Im vorausgehenden Abschnitt haben wir eine sehr einfache Programmstruktur
beschrieben: Ausgehend von einigen Variablen und Konstanten wurden einzelne
Werte berechnet und ausgedruckt. Anschließend konnte das Programm beendet
werden. Der Vorteil einer Rechenanlage wird aber erst dann nutzbar, wenn wir
bei dem Programmablauf in Abhängigkeit von ermittelten Werten Verzweigungen
vornehmen oder bestimmte Programmabschnitte mehrfach durchlaufen lassen können.
Die hierfür vorgesehenen Sprachelemente in Fortran wollen wir an dem folgenden
Beispiel kennenlernen und erläutern.

<u>Beispiel 3.1</u>

Im Intervall $[-1, \ 1,5]$ sollen mit einer Schrittweite von 0,1 die
Werte des Polynoms

$$y = 2 \cdot x^2 + 3 \cdot x - 1$$

berechnet und ausgedruckt werden.

<u>Lösung 3.1a</u>

```
      REAL X,Y
      X = -1.
 9999 Y = 2.*X**2+3.*X-1.
      WRITE(6,100) X,Y
  100 FORMAT(1X,8F16.6)
      X = X+0.1
      IF(X .LE. 1.5) GOTO 9999
      STOP
      END
```

In dem Lösungsprogramm ist folgender Ablauf der Anweisungen gegeben:

- Es werden für 2 Variable X und Y Speicherplätze reserviert.
- Die Variable X erhält den Wert -1. zugewiesen.
- Für die Variable Y wird der arithmetische Ausdruck 2.*X**2+3.*X-1.
  mit dem Wert -1. für X ausgewertet und Y zugewiesen.
- Die Werte von X und Y werden nach einem bestimmten Format ausgedruckt.

Dann ist die Anweisung

```
      X = X+0.1
```

auszuführen. Da diese Schreibweise zunächst irritieren kann, wollen wir sie
näher betrachten:

Auf der rechten Seite des Zuweisungszeichens (=) steht der arithmetische Ausdruck

    X+0.1

der zunächst einmal auszuwerten ist. Da in der Variablen X der Wert -1. gespeichert ist, ergibt sich für X+0.1 der Wert -0.9 für den arithmetischen Ausdruck. Dieser Wert wird wegen des Statements

    X = ...

der Variablen X zugewiesen. Damit ist der alte Wert (= -1.) der Variablen durch den neuen Wert (= -0.9) überschrieben. Man sagt auch: Durch die Anweisung

    X = X+0.1

wird der Inhalt von X um 0.1 erhöht.

In dem anschließenden Statement finden wir die Sprunganweisung

    GOTO 9999

die besagt, daß die Programmausführung bei der von uns gesetzten Statement-Nummer 9999 fortgesetzt werden soll. In unserer Programmlösung wird deshalb zu der Anweisung

    9999 Y = 2.*X**2+3.*X-1.

zurückverzweigt und nun der arithmetische Ausdruck mit dem Wert -0.9 für X ausgewertet, der Variablen Y zugewiesen und zusammen mit dem Wert von X ausgedruckt. Da das Polynom y nur bis zu oberen Intervallgrenze 1,5 ausgewertet werden soll, darf der Rücksprung auch nur solange erfolgen wie die Variable

    "X kleiner oder gleich 1.5"

ist. Deswegen wurde programmiert:

    IF (X .LE. 1.5) GOTO 9999

Es handelt sich hierbei um ein sogenanntes logisches IF-Statement, das die allgemeine Form

    IF (la) s

hat, wobei

    la   für einen logischen Ausdruck steht und
    s   für ein (ausführbares) Statement.

In unserem Beispiel bestand das Statement s aus einem Sprungbefehl,[+)] aber allgemein

---

[+)]Die allgemeine Form eines Sprungbefehls ist
        GOTO m
wobei m für eine Anweisungsnummer steht. Das Programm wird mit der Anweisung fortgesetzt, die die Nummer m hat.

darf an dieser Stelle eine beliebige ausführbare Anweisung stehen. Der logische
Ausdruck la war in unserem Programmbeispiel der arithmetische Vergleich

$X < 1,5$ oder in Fortran: X .LE. 1.5

Es gibt insgesamt folgende Vergleiche zwischen Größen vom Typ REAL,
DOUBLE PRECISION oder INTEGER

mathematisches Zeichen	Vergleichs- operator	Bedeutung
$<$	.LT.	less than
$\leqslant$	.LE.	less than or equal to
$=$	.EQ.	equal to
$\geqslant$	.GE.	greater than or equal to
$>$	.GT.	greater than
$\neq$	.NE.	not equal to

Bei einem arithmetischen Vergleich dürfen auf beiden Seiten des Vergleichs-
operators arithmetische Ausdrücke stehen und sie dürfen außerdem einen unterschiedlichen Typ besitzen: Die arithmetischen Ausdrücke werden jeder für sich
ausgewertet und eventuell eine Größe in den Typ der anderen umgewandelt
(INTEGER $\longrightarrow$ REAL $\longrightarrow$ DOUBLE PRECISION).[+)]

So liefert der Vergleich

    a .LT. b

zwischen zwei arithmetischen Ausdrücken den Wert "wahr", wenn a < b gilt und
sonst den Wert "falsch". Entsprechende Ergebnisse sind für die anderen Vergleichs-
operatoren gegeben. Bei dem logischen IF-Statement

    IF (1a) s

wird die Anweisung s nur dann ausgeführt, wenn der logische Ausdruck la den
Wert "wahr" liefert. Andernfalls wird das Programm mit der nachfolgenden
Anweisung fortgesetzt.

In dem Lösungsbeispiel 3.1a wird das Programm mit der Anweisung

    STOP

beendet, wenn der Vergleich

    X .LE. 1.5

den Wert "falsch" liefert, wenn also der Wert der Variablen X größer ist als 1,5.

[+)] Man mache sich klar, daß hierbei ein Verlust an Genauigkeit verbunden sein
kann (INTEGER $\longrightarrow$ REAL), keinesfalls aber ein Genauigkeitsgewinn
(REAL $\longrightarrow$ DOUBLE PRECISION).

Die Programmiersprache Fortran ermöglicht es, in Variablen vom Typ

> LOGICAL

die logischen Werte zu speichern. Zur Deklaration muß man die Namen der Variablen nach dem Schlüsselwort

> LOGICAL

durch Kommata getrennt aufzählen.

Ähnlich den arithmetischen Ausdrücken kann man mit Hilfe logischer Operatoren die Variablen zu logischen Ausdrücken verknüpfen. Als logische Operatoren stehen in Fortran zur Verfügung:

mathematisches Zeichen	logischer Operator	Bedeutung	Rang
$\neg$	.NOT.	Verneinung	1
$\wedge$	.AND.	logisches Und	2
$\vee$	.OR.	logisches Oder	3
$\equiv$	.EQV.	Äquivalenz	4
$\neq$	.NEQV.	Nicht-Äquivalenz	

Die Auswertungsreihenfolge bei der Reduktion eines logischen Ausdrucks richtet sich nach dem Rang der jeweils unmittelbar beteiligten Operatoren. Zusätzlich dürfen Klammerpaare gesetzt werden, um eine andere Auswertungsreihenfolge zu erzwingen. Die Werte für die Verknüpfung je zweier logischer Variabler a und b ergeben sich aus den folgenden Wertetafeln, dabei steht T für .TRUE. und F für .FALSE. [+)]

$$.NOT.\ a\ =\ \begin{cases} T & \text{falls } a \text{ den Wert .FALSE. hat} \\ F & \text{falls } a \text{ den Wert .TRUE. hat} \end{cases}$$

a .AND. b

a\b	T	F
T	T	F
F	F	F

a .OR. b

a\b	T	F
T	T	T
F	T	F

a .EQV. b

a\b	T	F
T	T	F
F	F	T

a .NEQV. b

a\b	T	F
T	F	T
F	T	F

Zur Verdeutlichung der Anwendung logischer Größen soll ein kurzes Beispiel eingeschoben werden:

[+)] Die Größen .TRUE. und .FALSE. stellen die beiden logischen Konstanten dar. Sie können in dieser Form auch im Fortran-Programm benutzt werden, etwa in einer Wertzuweisung an eine logische Variable A:

> A = .TRUE.

<u>Beispiel 3.2</u>

```
REAL X1,Y1,X2,Y2,X,Y
LOGICAL A,INTX,INTY
X1 = 1.5
X2 = 6.3
Y1 = 3.2
Y2 = 6.8
X  = ...
Y  = ...
INTX = (X .GT. X1) .AND. (X .LT. X2)
INTY = (Y .GT. Y1) .AND. (Y .LT. Y2)
A = INTX .AND. INTY
```

X und Y mögen irgendwelche Werte zugewiesen bekommen

Die Variable A besitzt den Wert .TRUE., wenn der Punkt (X,Y) in dem folgenden schraffierten Rechteck liegt. Auf dem Rand des Rechtecks und außerhalb besitzt A den Wert .FALSE.

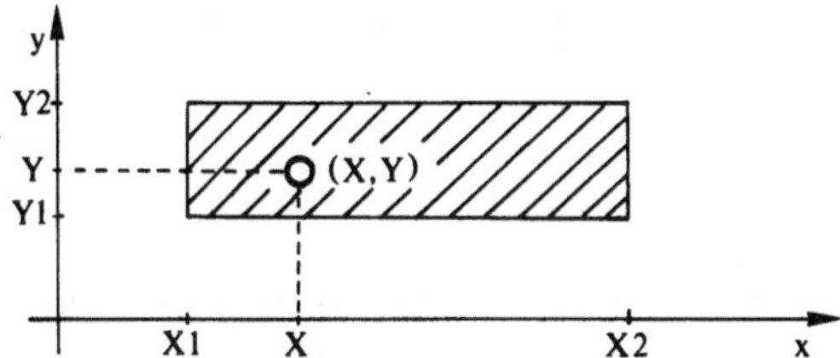

Neben dem logischen IF-Statement kann man auch das arithmetische IF-Statement benutzen, das für Verzweigungen in Abhängigkeit von einem arithmetischen Wert eingesetzt wird.[+)] Es hat die allgemeine Form:

$$IF \ (aa) \ n_1, n_2, n_3$$

Dabei stehen

    aa für einen arithmetischen Ausdruck und

$$\left.\begin{array}{l} n_1 \\ n_2 \\ n_3 \end{array}\right\}$$ für drei Statementnummern.

Falls der arithmetische Ausdruck aa

- negativ ist, wird zu dem Statement mit der Nummer n_1 verzweigt,
- Null ist, zu dem Statement mit der Nummer n_2 und
- positiv ist, zu dem Statement mit der Nummer n_3.

[+)] Da man auf Grund neuerer Überlegungen zur Übersichtlichkeit von Programmen möglichst wenige Verzweigungen und Sprünge vornimmt, sollte man das arithmetische IF-Statement so wenig wie möglich verwenden.

<u>Aufgabe 3.1</u>

Bitte geben Sie ein Programm an für das Beispiel 3.1 (Seite 15) und
verwenden Sie dabei das gerade beschriebene arithmetische IF-Statement.

Eine weitere Lösung des Beispiels 3.1 führt uns auf zusätzliche Elemente
der Sprache FORTRAN:

<u>Lösung 3.1b</u>

```
      REAL X,Y
      DO 9999 X = 1, 1.5, 0.1
      Y = 2.*X**2+3.*X-1.
      WRITE (6,100) X,Y
  100 FORMAT (1X,8F16.6)
 9999 CONTINUE
      STOP
      END
```

Neu sind in der obigen Programmlösung die beiden Anweisungen

```
      DO 9999 X = 1, 1.5, 0.1
```
und
```
 9999 CONTINUE
```

Durch sie wird der Beginn und das Ende einer Schleife (der sogenannten
DO-Schleife) angegeben. Die Verklammerung geschieht über die Statementnummer,
die wir willkürlich mit 9999 festgelegt haben.

Die Anweisung

```
      CONTINUE
```

ist dabei eine leere Anweisung; sie dient nur dazu, eine Anweisungsnummer
z.B. für einen Sprung oder für das Ende einer Schleife aufzunehmen.

Die DO-Anweisung - d.h. die Anweisung, die den Start der DO-Schleife ausmacht -
ist im Sprachstandard Fortran 77 neu definiert worden und sie weicht in ent-
scheidenden Punkten von dem DO-Statement ab, wie es im Sprachumfang von
Fortran IV gegeben ist. Hier soll die Anweisung so beschrieben werden, wie sie
in Fortran 77 vorgesehen ist. Im Anhang B, Seite 124, ist eine Darstellung
der DO-Schleife in Fortran IV sowie auf Seite 1oo/1o1 eine Gegenüberstellung
beider Formen angegeben.

Die DO-Anweisung hat die allgemeine Form:

    DO n   l = a,e,i

wobei n   für eine Statementnummer,

     l   für die Laufvariable,

     a   für den Anfangswert,

     e   für den Endwert und

     i   für die Schrittweite ("Inkrement")

stehen. Die DO-Schleife reicht dann von der DO-Anweisung bis einschließlich zu dem Statement mit der Nummer n.[+)]

Wir können uns die Ausführung der DO-Anweisung folgendermaßen vorstellen:[++)]

1) Die Laufvariable l erhält den Anfangswert a zugewiesen.

2) Es wird geprüft, ob die Laufvariable l den Endwert e bereits überschritten hat.

   a) Ist der Endwert e noch nicht überschritten, werden alle Anweisungen der DO-Schleife bis hin zur Anweisung mit der Nummer n ausgeführt.

   b) Ist der Endwert e überschritten, wird die DO-Schleife verlassen und das Programm mit der Anweisung fortgesetzt, die der Anweisung mit der Nummer n folgt.

3) Die Laufvariable l wird um die Schrittweite i erhöht und es wird zu Punkt 2 zurückverzweigt.

Da die Größen a, e und i arithmetische Ausdrücke sein dürfen, kann es sein, daß die Endbedingung bereits von Anfang an gegeben ist. Wichtig ist deshalb, daß die Abfrage vor dem Durchlaufen der DO-Schleife durchgeführt wird. So kann es sein, daß die DO-Schleife kein einziges Mal zu durchlaufen ist.[+++)]

Aufgabe 3.2

    Die Funktion sin(x) kann man durch die Reihe beschreiben

$$\sin(x) \;=\; \sum_{n=0}^{\infty} (-1)^n \frac{x^{2n+1}}{(2n+1)!} \quad (x \text{ im Bogenmaß})$$

Bitte geben Sie ein Programm an, daß die Funktion im Intervall $\left[0, \frac{\pi}{2}\right]$ $\pi = 3{,}141592653589792...$ mit einer Rasterung von $\frac{\pi}{50}$ bis auf einen Fehler berechnet, der kleiner als 10^{-7} ist.

[+)] Die Anweisung mit der Nummer n muß nicht das Statement CONTINUE sein, sondern kann eine andere ausführbare Anweisung sein. Da es hierbei eine Reihe von Ausnahmen gibt und da man DO-Schleifen ineinander schachteln kann, empfiehlt es sich, jeweils die zusätzliche Anweisung CONTINUE einzufügen.

[++)] a) Wegen weiterer Einzelheiten siehe Anhang B, Seite 124.
b) Wir unterstellen zunächst, daß die Schrittweite i positiv ist.

[+++)] Bei dem Standard Fortran IV wird die Abfrage am Ende der DO-Schleife durchgeführt. Damit ist die DO-Schleife in jedem Fall mindestens einmal zu durchlaufen.

Bei der Bestimmung von Nullstellen einer Funktion f(x) ist es häufig nicht
möglich, die Nullstellen in geschlossener Form anzugeben. Man hilft sich dann
dadurch, daß man eine Berechnungsvorschrift f(x) benutzt, die ausgehend von
einem Startwert eine immer bessere Annäherung an die gesuchte Nullstelle
liefert ("Iterationsverfahren")

$$x_{j+1} := \varphi(x_j) \qquad j = 0, 1, \ldots$$

Eine Nullstelle der Funktion f(x) ist dann gefunden, wenn das zugehörige
Iterationsverfahren "steht", d.h. denselben Wert liefert ("Fixpunkt").

$$\overline{x} = \varphi(\overline{x}) \quad\Longleftrightarrow\quad f(\overline{x}) = 0$$

Damit man nachweisen kann, daß die Folge der Werte x_j gegen einen Fixpunkt $\overline{x}$
konvergiert, müssen die Funktionen f(x) bzw. $\varphi(x)$ gewisse Voraussetzungen
erfüllen.[+)]

Nun kann es sein, daß die Konvergenzbedingung gegeben ist, die Folge der
Werte x_j aber zu langsam konvergiert. Dann können sich Rundungsfehler so
stark bemerkbar machen, daß die Folge nicht gegen den gesuchten Fixpunkt $\overline{x}$
strebt. Man sollte sich deshalb vor dem Einsatz eines bestimmten Iterations-
verfahrens auf Grund mathematischer Vorüberlegungen vergewissern, daß das
Verfahren schnell genug konvergiert. Auf jeden Fall sollte man in der
Iterationsschleife zur Bestimmung des Fixpunktes mitzählen, wie oft die
Schleife durchlaufen wird und das Verfahren nach etwa lo Durchläufen abbrechen.

In der folgenden Aufgabe soll als Iterationsvorschrift das sogenannte
Newton-Verfahren

$$x_{j+1} := \varphi(x_j) = x_j - \frac{f(x_j)}{f'(x_j)} \qquad j = 0, 1, \ldots$$

eingesetzt werden. Da man fordern muß, daß die Ableitung f' im betrachteten
Intervall von Null verschieden ist, kann man mit dieser Berechnungsvorschrift
nur einfache Nullstellen von f berechnen.[++)]

Aufgabe 3.3

Bitte berechnen Sie mit dem Newtonschen Iterationsverfahren (s.o.)
eine Nullstelle der Funktion $f(x) = x^2 - 3$.

Hinweis:

Das Verfahren konvergiert für $x_o > 1$.

[+)] Bei differenzierbaren Funktionen $\varphi(x)$ reicht z.B. $|\varphi(x)| \leqslant k < 1$ in dem
betrachteten Intervall. Wegen weiterer Einzelheiten siehe z.B. H. Werner:
Praktische Mathematik I, Berlin 197o

[++)] Zur Berechnung mehrfacher Nullstellen und zur Beschreibung weiterer Iterationsverfahren sei auf das o.a. Buch von H. Werner verwiesen.

4 Polynomberechnung; Vektoren, Matrizen

Im vorausgegangenen Abschnitt haben wir mehrfach die Funktion

$$y = 2 \cdot x^2 + 3 \cdot x - 1$$

betrachtet, die ein Polynom zweiten Grades darstellt. Allgemein haben
Polynome die Form

$$y = \sum_{j=0}^{n} a_j x^j = a_o + a_1 x + a_2 x^2 + \ldots + a_{n-1} x^{n-1} + a_n x^n$$

Wenn der Koeffizient a_n von Null verschieden ist, wird n der Grad des
Polynoms genannt.

Die Koeffizienten a_o, a_1, ..., a_n kann man zu einem Vektor, dem sogenannten
Koeffizientenvektor

$$A = (a_o, a_1, \ldots, a_n)$$

zusammenfassen. Mit dem Vektor A ist das Polynom y offensichtlich festgelegt.

In einem Fortran-Programm können wir uns durch eine Deklarationsanweisung
einen Speicherplatzbereich für einen Vektor bereitstellen lassen. Wir
müssen hierzu nach einem der bisher beschriebenen Schlüsselwörter

    DOUBLE PRECISION
    INTEGER
    LOGICAL
    REAL

den Namen des Vektors angeben sowie in Klammern durch einen Doppelpunkt
getrennt die untere und die obere Grenze des Index.[+)] Für die Indexgrenzen
dürfen nur konstante Werte angegeben werden. Die Deklarationsanweisung für den
Koeffizientenvektor A - s.o. - müßte also lauten

    REAL A(0:10)

wobei wir sicher sein müssen, daß der Polynomgrad n stets kleiner oder
gleich 10 bleibt. Durch diese Deklarationsanweisung ist im Arbeitsspeicher
folgender Bereich reserviert worden.

Im späteren Programmablauf kann man auf die einzelnen Komponenten a_i des
Vektors A durch A(i) zugreifen. Der Index i muß dabei ein arithmetischer Aus-
druck mit dem Typ INTEGER sein und zwischen 0 und 10 liegen. Wird durch ein
Versehen ein Index angegeben, der kleiner als 0 oder größer als 10 ist,

---

[+)] In Fortran IV ist die untere Grenze für den Index auf 1 festgelegt; man kann
nur die obere Grenze angeben und muß anschließend eine geeignete Index-
Verschiebung vorsehen (vgl. Seite 1oo). Als Deklaration für den Vektor A wäre
in Fortran IV anzugeben: REAL A(11)

so wird keine Fehlermeldung ausgegeben. Vielmehr wird ein Speicherplatz
abgerufen, der vor oder hinter dem Vektor A im Arbeitsspeicher liegt.[+)]

Falls wir mehrere Vektoren deklarieren wollen, können wir dies in einer
gemeinsamen Deklarationsanweisung mit den übrigen Variablen desselben
Typs tun, wobei wir für jeden Vektor die Grenzpaare getrennt angeben müssen.

Beispiel 4.1

Wir wollen die Funktion

$$y = 2x^2 + 3x - 1$$

als allgemeines Polynom in einem Intervall $(-1, 1,5)$ mit
einer Schrittweite von 0,1 berechnen.[++)]

```
      REAL X,A(O:2),Y,S
      INTEGER K,N
      N = 2
      A(O) = -1
      A(1) =  3
      A(2) =  2
      DO 2 X = -1, 1.5, 0.1
      S = 0
      DO 1 K = N, O, -1                 innere
      S = S*X+A(K)                      Schleife
    1 CONTINUE
      Y = S
      WRITE (6,100) X,Y
  100 FORMAT (1X,8F16.6)
    2 CONTINUE                 äußere Schleife
      STOP
      END
```

Der Berechnung der Polynomwerte liegt das sogenannte Horner-Schema zugrunde,
das wir jetzt kurz erläutern wollen, da man mit seiner Hilfe die Berechnung
wesentlich effektiver als mit der Ausgangsformel (s.o., Seite 23) gestalten
kann. Die Ausgangsformel schreiben wir um und klammern möglichst viele
Faktoren aus:

[+)] Einige Fortran-Compiler lassen als Option die Überwachung der Indexgrenzen
zu. Man sollte diese Option in jedem Fall ausnutzen, da die angedeuteten
Fehler sehr schwer zu finden sind.

[++)] Die angegebene Lösung ist nur in Fortran 77 möglich, nicht jedoch in Fortran IV;
vgl. alternative Lösung Seite 1oo.

$$y = \sum_{j=0}^{n} a_j \cdot x^j = a_o + a_1 x + a_2 x^2 + \dots + a_n x^n$$

$$= a_n x^n + a_{n-1} x^{n-1} + \dots + a_1 x + a_o$$

$$= (\dots((a_n x + a_{n-1})x + a_{n-2})x + \dots + a_1)x + a_o$$

Setzt man nun nacheinander

$$
\begin{aligned}
s_{n+1} &:= 0 \\
s_n &:= a_n & &= s_{n+1} x + a_n \\
s_{n-1} &:= a_n x + a_{n-1} & &= s_n \cdot x + a_{n-1} \\
s_{n-2} &:= (a_n x + a_{n-1})x + a_{n-2} & &= s_{n-1} x + a_{n-2} \\
&\ \ \dots & &\quad \dots \\
s_1 &:= (\dots(a_n x + a_{n-1})x + a_{n-2})x + \dots a_2)x + a_1 & &= s_2 \cdot x + a_1 \\
s_o &:= (\dots(a_n x + a_{n-1})x + \dots + a_2)x + a_1)x + a_o & &= s_1 \cdot x + a_o
\end{aligned}
$$

so sieht man, daß s_o mit der umgeformten Zeile des Polynoms y übereinstimmt. Für die Teilsummen s_k gilt die Rekursionsformel

$$s_k = s_{k+1} \cdot x + a_k \qquad \text{für } k = n,\ n-1,\ \dots,\ o$$

mit dem Anfangswert $s_{n+1} = o$

Da man zur Berechnung jeder nachfolgenden Komponente s_k nur den unmittelbar vorausgehenden Wert s_{k+1} benötigt, können wir jeden Wert durch die nachfolgende Komponente überschreiben, d.h. wir kommen mit einem einzigen Speicherplatz S aus, wie wir es im obigen Beispiel 4.1 angegeben haben:[+)]

1) $S = 0$
2) $S = S \cdot x + a_k$ $k = n,\ n-1,\ \dots,\ 0$
3) $y = S$

Da wir für den Polynomwert y sowieso einen Speicherplatz reservieren müssen, können wir auch noch den Speicherplatz S sparen, indem wir die Variable y auch für die Zwischenwerte benutzen, vgl. Lösung Seite 100).

Neben den Vektoren, die man als eindimensionale Felder ansehen kann, gibt es die Möglichkeit, sich im Fortran-Programm mehrdimensionale Matrizen bereitstellen zu lassen. Dabei sind für jede Dimension die Grenzwerte für den

---

[+)] In Fortran IV ist bei der DO-Schleife keine negative Schrittweite erlaubt; siehe daher alternative Lösung Seite 1oo.

entsprechenden Index getrennt anzugeben.[+)] - In Fortran 77 sind bis zu
7 Dimensionen zugelassen. Beim späteren Aufruf der Matrix-Elemente sind die
einzelnen Index-Werte durch Kommata getrennt aufzuführen. Auch bei Matrizen
gilt, daß die angegebenen Index-Werte nicht daraufhin überprüft werden, ob
sie in den Grenzen liegen, die bei der Deklaration spezifiziert wurden.

Beispiel 4.2

Mit der Deklaration

        INTEGER N,B(6,3),P1(0:5,-3:6,5)

werden folgende Größen deklariert:

1) Eine (einfache) Variable mit dem Namen N,

2) eine zweidimensionale Matrix B, die 6 x 3 = 18 Elemente besitzt, und

3) eine dreidimensionale Matrix P1 mit 6 x 10 x 5 = 300 Elementen.

Die Variablen N und alle Elemente der beiden Matrizen B und P1 haben den Typ
INTEGER. Im späteren Programmablauf können die Elemente der Matrix B durch

$$B(i,j) \qquad \text{mit } 1 \leq i \leq 6 \text{ und } 1 \leq j \leq 3$$

aufgerufen werden (i,j: arithmetische Ausdrücke mit dem Typ INTEGER).
Für die dreidimensionale Matrix P1 gilt es entsprechend:

$$P1(i,j,k) \qquad \text{mit } 0 \leq i \leq 5, \quad -3 \leq j \leq 6 \text{ und } 1 \leq k \leq 5$$

wobei wieder i,j,k für arithmetische Ausdrücke vom Typ INTEGER stehen.

Jede (mehrdimensionale) Matrix wird intern in einen Vektor umgewandelt,
wobei die einzelnen Spalten der Matrix hintereinander gespeichert
werden.[++)] ("Lineare Indexfortschaltung"):

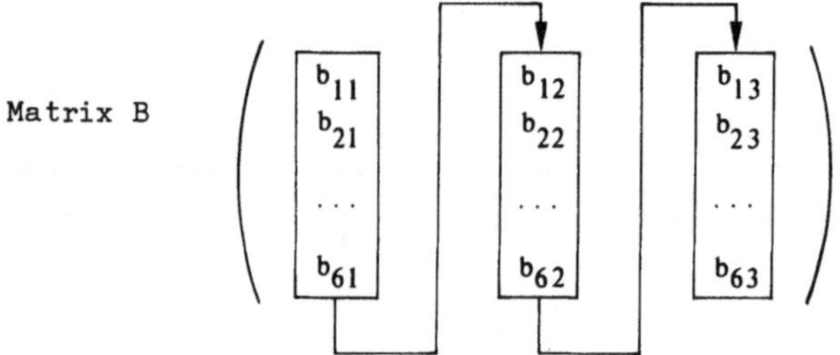

Matrix B $\begin{pmatrix} b_{11} & b_{12} & b_{13} \\ b_{21} & b_{22} & b_{23} \\ \cdots & \cdots & \cdots \\ b_{61} & b_{62} & b_{63} \end{pmatrix}$

[+)]In Fortran IV ist jeweils die untere Grenze auf 1 festgelegt und es ist nur die
obere Grenze anzugeben.
In Fortran 77 gilt: Ist eine untere Grenze gleich 1, braucht für diese Dimension
nur die obere Grenze angegeben zu werden (siehe Beispiel 4.2).

[++)]In der Mathematik betrachtet man in der Regel Matrizen zeilenweise (d.h. man
läßt den letzten Index schneller laufen als den ersten). Auf diesen Unterschied
muß man natürlich stets achten.

Es wird intern gespeichert:

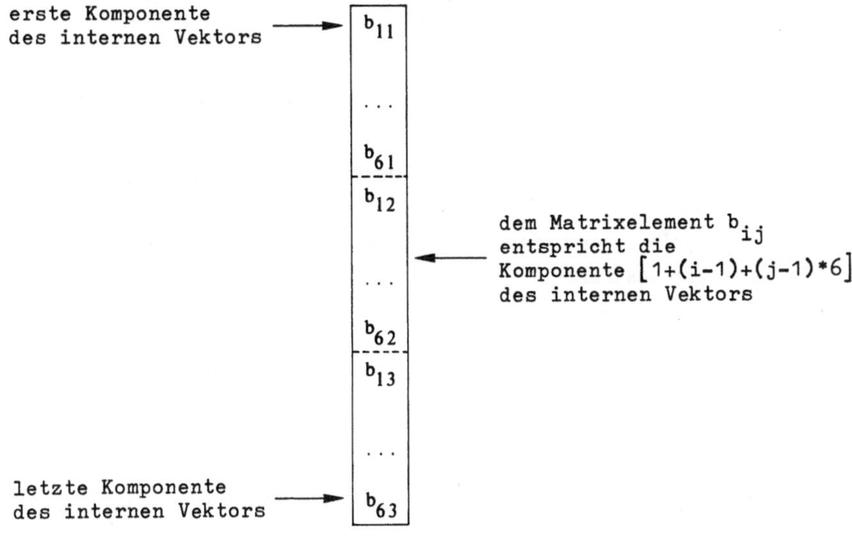

Bei jedem Aufruf eines Matrixelements wird die Umrechnung auf die Komponente des internen Vektors automatisch vorgenommen. Gibt man versehentlich einen Indexwert bei einem Matrixelement falsch an

etwa B(10,2)

so wird die 16. Komponente des internen Vektors aufgerufen, der das Matrixelement B(4,3) entspricht. Mit diesem falsch aufgerufenen Element wird ohne Fehlermeldung weitergerechnet.[+)]

In der Mathematik verwendet man gern die Buchstaben i,j,k,l,m,n als Indizes der Elemente von Vektoren oder Matrizen. Gewöhnlich besitzen die Indizes ganzzahlige Werte. Dieser Handhabungsweise wird in der Programmiersprache Fortran dadurch Rechnung getragen, daß alle Variablennamen, die mit dem Buchstaben

     I, J, K, L, M oder N

beginnen, automatisch den Typ INTEGER bekommen, falls die betreffenden Namen nicht explizit deklariert worden sind. - Variablennamen, die mit einem von I, J, K, L, M, N verschiedenen Buchstaben beginnen, erhalten automatisch den Typ REAL zugewiesen, falls sie nicht explizit deklariert wurden.

Neben der gerade dargestellten Form der vordefinierten Typ-Festlegungen und der früher beschriebenen expliziten Deklaration (mit Hilfe von Schlüsselwörtern, von denen wir bisher DOUBLE PRECISION, INTEGER, LOGICAL und

---

[+)] Falls der benutzte Fortran-Compiler eine Option zur Überwachung der Index-Werte besitzt, sollte man sie auf jeden Fall ausnutzen, um die angedeutete Fehlerquelle auszuschalten.

REAL kennengelernt haben) gibt es noch die Möglichkeit der impliziten
Typ-Vereinbarung. Sie wird mit Hilfe des ersten Buchstabens gesteuert.
Will man z.B. festlegen, daß

- alle Variablen, deren Namen mit A,...,F oder M beginnen, den Typ
  INTEGER haben,
- alle Variablen, deren Namen mit L oder P beginnen, den Typ LOGICAL
  haben, und
- alle Variablen, deren Namen mit X,Y,Z beginnen, doppelte
  Genauigkeit besitzen,

so kann man dies durch die Deklaration:

IMPLICIT INTEGER (A-F,M), LOGICAL (L,P), DOUBLE PRECISION (X-Z)

angeben.

Die IMPLICIT-Deklaration hat die folgende allgemeine Form:

IMPLICIT typ (Bereich 1[,Bereich 2]...)[, typ (Bereich 1 [,Bereich 2]...)]...

Dabei steht typ für eines der Schlüsselwörter der Typ-Festlegung.
"Bereich" steht für einen Buchstabenbereich (geschrieben mit Minus-Zeichen)
oder für einen einzelnen Buchstaben. Wie im Beispiel benutzt, dürfen weitere
Bereiche durch Kommata getrennt folgen und ebenso weitere Typ-Festlegungen.

Für die Festlegung des Typs einer Variable wird in Fortran in folgender
Reihenfolge verfahren:

1) Explizite Deklaration
2) IMPLICIT-Deklaration
3) vordefinierte Typ-Festlegung.

Obwohl damit eine explizite Deklaration für Variablen mit dem Typ INTEGER
und REAL nicht erforderlich ist, wollen wir alle Variablen zu Beginn des
Programms deklarieren: Es ist besser, am Anfang alle Größen anzugeben, die
man im Programm benötigt.

Wie wir außerdem gesehen haben, ist die Deklaration erforderlich, wenn man
Felder (Vektoren, Matrizen) benutzen will. Hier gibt es allerdings noch
einen zweiten Weg mit Hilfe der DIMENSION-Anweisung.
Man gibt dabei nach dem Schlüsselwort

DIMENSION

den Namen des Feldes und in Klammern die Grenzpaare für die vorgesehenen
Indizes an. Der Typ der Komponenten des Feldes ergibt sich auf Grund einer
explizierten Deklaration, der IMPLICIT-Deklaration oder durch die vordefinierte
Typ-Festlegung.

Man darf daher statt der beiden Anweisungen

        REAL S(100),X1(0:10,20)
        INTEGER N5(-3:60)

schreiben (vordefinierte Typ-Festlegung)

        DIMENSION S(100),X1(0:10,20),N5(-3:60)

oder mit expliziter Typ-Festlegung:

        REAL S,X1
        INTEGER N5
        DIMENSION S(100),X1(0:10,20),N5(-3:60)

Wir werden uns allerdings an die explizite Deklaration einschließlich der Angabe der Grenzpaare halten und die DIMENSION-Deklaration nicht verwenden, da sie nach unserer Ansicht unübersichtlicher ist.

Die nachfolgenden Aufgaben sind dazu gedacht, den Umgang mit Matrizen zu vertiefen. Zum Verständnis der Programmiersprache Fortran sind die Lösungen nicht erforderlich.

Gegeben ist ein lineares Gleichungssystem AX = B oder in expliziter Form

$$a_{11}x_1 + a_{12}x_2 + \ldots + a_{1n}x_n = b_1$$
$$\vdots \qquad\qquad\qquad \vdots$$
$$a_{n1}x_1 + a_{n2}x_2 + \ldots + a_{nn}x_n = b_n$$

Gesucht wird der Lösungsvektor $X = \begin{pmatrix} x_1 \\ \cdots \\ x_n \end{pmatrix}$ falls es eine eindeutige Lösung gibt.

Bei dem Gaußschen Eliminationsverfahren bringt man durch geeignete Linearkombinationen der Zeilen das Gleichungssystem auf die Form

$$a'_{11}\,x_1 + a'_{12}x_2 + \quad \ldots \quad + a'_{1n}x_n = b'_1$$
$$a'_{22}x_2 + \quad \ldots \quad + a'_{2n}x_n = b'_2$$
$$\ddots \qquad \ldots$$
$$a'_{nn}x_n = b'_n$$

Ist es gelungen, das Gleichungssystem auf diese Dreiecksform mit nicht verschwindenden Diagonalelementen a'_{kk} zu bringen, kann man anschließend ausgehend von x_n die Komponenten $x_{n-1},\ldots,x_1$ des Lösungsvektors X berechnen. Sind in einer Spalte das Diagonalelement a'_{kk} und alle nachfolgenden Elemente a'_{jk} mit $j > k$ Null, so ist das Gleichungssystem nicht lösbar. Das Berechnungsverfahren kann dann abgebrochen werden. Ist jedoch ein Element unterhalb der Diagonalen von Null verschieden, so kann man durch Zeilenvertauschung dafür sorgen, daß dieses Element Diagonalelement wird. Der Lösungsvektor X ist von der Zeilenvertauschung nicht betroffen. – Um die Rundungsfehler möglichst klein zu halten, nimmt man die Zeilenvertauschung auch dann vor, wenn ein Element a'_{jk} unterhalb der Diagonalen betragsmäßig größer ist als das Element a'_{kk} in der Diagonalen. (Man spricht dann von der "Pivotisierung").

<u>Aufgabe 4.1</u>

Bitte berechnen Sie unter Verwendung des Gaußschen Eliminationsverfahrens die Lösung x_1, ..., x_3 des Gleichungssystems

$$x_1 + 0,5x_2 + 0,3x_3 = 1$$
$$0,2x_1 + 2x_2 + 0,4x_3 = 2$$
$$0,2x_1 + 0,2x_2 + x_3 = 3$$

<u>Hinweis:</u> Bei dem Programm zur Lösung des vorgegebenen Gleichungssystems kann man auf die Zeilenvertauschung verzichten.

Am Schluß des vorausgegangenen Abschnitts 3 wurde exemplarisch dargestellt, wie man Iterationsverfahren zur Nullstellenbestimmung einsetzen kann. Im folgenden soll ein Iterationsverfahren zur Lösung linearer Gleichungssysteme beschrieben werden.[+)]

Das angegebene Gleichungssystem AX = B wird so umgeformt, daß man erhält:

$$a_{11}x_1 = \quad -a_{12}x_2 -a_{13}x_3 - \cdots -a_{1n-1}x_{n-1} -a_{1n}x_n + b_1$$
$$a_{22}x_2 = -a_{21}x_1 \quad -a_{23}x_3 - \cdots -a_{2n-1}x_{n-1} -a_{2n}x_n + b_2$$
$$\vdots \qquad\qquad\qquad\qquad\qquad\qquad\qquad\qquad\quad \vdots$$
$$a_{nn}x_n = -a_{n1}x_1 -a_{n2}x_2 -a_{n3}x_3 - \cdots -a_{nn-1}x_{n-1} \quad + b_n$$

Da man – eventuell nach Vertauschen von Zeilen – davon ausgehen kann, daß die Elemente a_{jj} von Null verschieden sind, kommt man zu einem neuen Gleichungssystem der Form

$$X = C \cdot X + D$$

Offensichtlich gilt für die Elemente der Matrix C

[+)] Wegen weiterer Iterationsverfahren und Einzelheiten zu den Verfahren vgl.: H.Werner: Praktische Mathematik I, Berlin 197o
oder: Faddejew/Faddejewa: Numerische Methoden der linearen Algebra, München 1964

$$c_{jk} = \begin{cases} -\dfrac{a_{jk}}{a_{jj}} & \text{für } k = 1, \ldots, n \text{ mit } k \neq j \\[2ex] 0 & \text{für } k = j \end{cases}$$

und für die Komponenten des Vektors D

$$d_j = \frac{b_j}{a_{jj}} \qquad j = 1, \ldots, n$$

Aus dem neuen Gleichungssystem kann man eine Iteration ableiten:

$$X^{(m+1)} := XC^{(m)} + D \qquad m = 0, 1, \ldots$$

oder explizit

$$x_j^{(m+1)} := \sum_{k=1}^{n} c_{jk} x_k^{(m)} + d_j \qquad \text{für } j = 1, \ldots, n$$

Es werden also ausgehend von einem Startvektor $X^{(0)}$ nacheinander Näherungs-vektoren $X^{(m)}$ berechnet, von denen man hofft, daß sie gegen den Lösungs-vektor X des Ausgangsgleichungssystems konvergieren.[+)]

Für die Programmierung hat das gerade beschriebene Iterationsverfahren den Nachteil, daß man bei jedem Iterationsschritt den Vektor $X^{(m)}$ bis zur Berechnung der letzten Komponente des nächsten Näherungsvektors $X^{(m+1)}$ bereit-halten muß (daher auch der Name "Gesamtschrittverfahren"). Damit muß man zwei verschiedene Vektoren für $X^{(m)}$ und $X^{(m+1)}$ vorsehen und kommt nicht - wie beim sogenannten Einzelschrittverfahren - mit nur einem Vektor aus. Beim Einzel-schrittverfahren werden die schon berechneten Komponenten des Vektors $X^{(m+1)}$ an Stelle der Komponenten von $X^{(m)}$ zur Berechnung der restlichen Komponenten von $X^{(m+1)}$ herangezogen. Formelmäßig bedeutet dies für die Komponenten $x_j^{(m+1)}$

$$x_j^{(m+1)} = \sum_{k=1}^{j-1} c_{jk} x_k^{(m+1)} + \sum_{k=j+1}^{n} c_{jk} x_k^{(m)} + d_j \qquad j = 1, \ldots, n$$

<u>Aufgabe 4.2</u>

Bitte lösen Sie unter Verwendung des Einzelschrittverfahrens das in der Aufgabe 4.1 angegebene Gleichungssystem.

<u>Hinweise:</u> 1) Die Konvergenzbedingungen sind erfüllt.

2) Die Iteration kann abgebrochen werden, wenn sich die Komponenten zweier aufeinanderfolgender Näherungsvektoren jeweils um weniger als 10^{-4} unterscheiden.

[+)] Wegen notwendiger und hinreichender Konvergenzbedingungen siehe Literaturhinweise auf Seite 3o.

5 Ausgabe auf dem Drucker; FORMAT-Anweisung

Bisher haben wir bei den behandelten Programmen für die Ausgabe von
Variablenwerten ein Standard-Format benutzt. Es spielte bisher keine Rolle,
wo und in welcher Form die Variablen ausgedruckt wurden. Auf Überschriften
und ähnliche, die Übersichtlichkeit der Ausgabedaten erhöhende Möglichkeiten
haben wir bisher bewußt verzichtet.

Wir wollen diese Möglichkeit nun näher kennenlernen, und zwar zunächst
für die Ausgabe auf dem Drucker. Anschließend werden wir sehen, welche
Analogien zur Eingabe von Karten bestehen.

Für die Ausgabe auf dem Drucker kann man folgende allgemeine Form angeben

$$\text{WRITE (6,f) Ausgabeliste}$$

$$\text{f FORMAT (} \frac{\text{Angabe des Typs und der Druckposition}}{\text{für die auszugebenden Variablen}} \text{)}$$

Die Zahl 6 in der ersten Klammer nach dem Schlüsselwort WRITE gibt an, daß
auf dem Drucker geschrieben werden soll.[+)] Durch andere Zahlen kann die Ausgabe
auf anderen Geräten - wie z.B. Magnetbandeinheit oder Magnetplatteneinheit -
gesteuert werden. Hierauf wollen wir erst später eingehen.

Die nach dem Komma folgende Zahl f koppelt in eindeutiger Weise das WRITE-
Statement mit einem FORMAT-Statement, das f als Statement-Nummer besitzt.
Damit kann das FORMAT-Statement irgendwo im Programm stehen, braucht also
nicht - wie wir es bisher hatten - unmittelbar auf die WRITE-Anweisung zu
folgen. Außerdem kann ein und dasselbe Format von verschiedenen WRITE-Anweisungen
zur Ausgabe herangezogen werden.

Die Ausgabeliste umfaßt alle Namen von Speicherplätzen, deren Inhalt mit
der einen WRITE-Anweisung ausgedruckt werden soll. Die Namen sind durch
Kommata zu trennen. Gedacht ist in diesem Zusammenhang zunächst an einfache
Variable und an einzelne Komponenten von Vektoren bzw. Elemente von Matrizen,
es ist aber auch die Angabe von Konstanten und arithmetischen bzw. logischen
Ausdrücken erlaubt. Wie Vektoren und Matrizen ausgegeben werden, soll nach
der Beschreibung der FORMAT-Anweisung dargestellt werden.

Bei der Ausgabe stehen auf dem Drucker 133 Positionen pro Zeile zur Verfügung.
Die erste Position einer jeden Zeile dient zur Steuerung des Zeilenvorschubs.
(Dies wird später erklärt). Es bleiben also in jeder Zeile 132 Druckpositionen,
über die in dem FORMAT-Statement verfügt werden kann und auf denen Ziffern,
Buchstaben oder Sonderzeichen ausgegeben werden können.

[+)]Es kann sein, daß die "Geräte-Nummer" 6 über eine Job-Control-Karte dem
Gerät "Drucker" zugeordnet werden muß. In der Regel ist diese Zuordnung
vordefiniert.

Für die Ausgabe von Zahlen sind gewisse Formatcodes vorgesehen, und zwar

      I   für Zahlen vom Typ INTEGER,

      E oder F für Zahlen vom Typ REAL,

      D oder F für Zahlen vom Typ DOUBLE PRECISION.

Für Größen vom Typ LOGICAL ist der Formatcode L vorgesehen.

Zur Ausgabe des Inhalts eines Speicherplatzes mit beliebigem Typ kann der Formatcode

      Z

benutzt werden, der jedoch nicht zum Standardsprachumfang von Fortran 77 gehört.

Die Formatcodes werden gekoppelt mit der "Feldweite" w, d.h. mit der Anzahl der Druckpositionen, die für die auszugebende Zahl insgesamt vorgesehen werden sollen. Bei der Ausgabe von Zahlen des Typs REAL oder DOUBLE PRECISION ist außerdem anzugeben, wie groß die Anzahl d der Ziffern ist, die hinter dem Dezimalpunkt erscheinen sollen. Schließlich kann man eine Anzahl a von gleichen Formatcodes zusammenfassen. Diese einzelnen Informationen werden den Formatcodes in folgender Form zugeordet:

      aIw

      aEw.d   bzw.   aFw.d

      aDw.d   bzw.   aFw.d

sowie

      aLw   und   aZw

Wird die Anzahl a ("Wiederholungsfaktor") nicht angegeben, so wird sie mit 1 angenommen. Beispielsweise ermöglicht das folgende Format[+)]

  100 FORMAT (1X,2I4)

die Ausgabe von 2 Zahlen des Typs INTEGER, von denen jede höchstens 4 Ziffern besitzen darf. Ist eine Zahl negativ, so darf sie zur richtigen Ausgabe nach dem obigen Format höchstens 3 Ziffern haben, da eine Druckposition für das negative Vorzeichen benötigt wird. Falls das Ausgabefeld durch die Konstante w für die auszugebende Zahl zu klein gewählt worden war, wird das Ausgabefeld mit einer Folge von Sternen (*) ausgefüllt.

Bei den Formatcodes E und D für Zahlen vom Typ REAL bzw. DOUBLE PRECISION werden die Zahlen in normierter Form gedruckt. Wegen der Normierung und des Vorzeichens der Zahl muß die Feldweite w mindestens um 7 Druckpositionen größer sein als die

---

[+)]Die Bedeutung der Angabe 1X wird später erläutert; sie hängt mit der Steuerung des Papiervorschubs im Drucker zusammen.

Anzahl d der Ziffern, die hinter dem Dezimalpunkt gedruckt werden sollen.[+)]

$$(\pm)0.\ldots\ \ldots E(\pm)ee \qquad \text{bzw.} \qquad (\pm)0.\ldots\ \ldots D(\pm)ee$$

$$\underbrace{\hphantom{(\pm)0.\ldots}}_{\text{d Ziffern}} \qquad\qquad\qquad \underbrace{\hphantom{(\pm)0.\ldots}}_{\text{d Ziffern}}$$

So muß also beispielsweise zur Ausgabe der Zahl -23,61 mit E-Formatcode
die Feldweite w mindestens 11 sein, d.h. der gesamte Code muß

    E11.4

lauten, wenn alle Ziffern herausgeschrieben werden sollen. Die Zahl hat
bei der Ausgabe dann die Form

    $-0.2361E+02 \qquad\qquad (= 0,2361 \cdot 10^2)$

Wird die Feldweite w größer als 11 gewählt (allgemein: größer als (d+7)),
so werden links von der Zahl in dem angegebenen Feld entsprechend viele
Leerzeichen ("Blanks") eingefügt. Ist die Feldweite w zu klein gewählt,
wird das für die Zahl vorgesehene Feld mit einer Folge von Sternen ($*$)
gefüllt.

Soll eine Zahl vom Typ REAL oder DOUBLE PRECISION "kommagerecht", d.h.
mit festem Dezimalpunkt, ausgedruckt werden, so ist der F-Code zu benutzen.
Auch hier muß die Feldweite w so groß gewählt werden, daß das Feld alle
Ziffern, den Dezimalpunkt und eventuell noch ein (negatives) Vorzeichen
aufnehmen kann. Man beachte, daß eventuell hinter dem Dezimalpunkt einge-
speiste Nullen mitzuzählen sind. So kann man z.B. zur Ausgabe von -23,61
den Code F6.2 vorsehen.
Auf dem Drucker würde <u>-23.61</u> ausgegeben. Möchte man aber 3 Ziffern hinter
dem Dezimalpunkt ausgegeben haben, ist F7.3 anzugeben, wodurch die Zahl in
der Form <u>-23.610</u> gedruckt würde. Falls in dem Beispiel die Feldweite w
größer als 6 bzw. 7 gewählt wird, werden in das Feld vor die Zahl Leerzeichen
eingefügt. Wenn man andererseits die Feldweite w zu klein gewählt hat, wird
das Ausgabefeld mit Sternen ausgefüllt.

Sind in einer FORMAT-Anweisung mehrere Formatcodes angegeben und besteht
die Liste der zugehörigen WRITE-Anweisung aus mehreren Variablennamen, so wird

    der ersten Variablen   der erste Formatcode,

    der zweiten Variablen   der zweite Formatcode

zugeordnet usw.

[+)] Bei einigen Fortran-Compilern wird die Ziffer 0 vor dem Dezimalpunkt
weggelassen, so daß dann die Feldweite w nur um mindestens 6 größer als d
sein muß.

Beispiel 5.1

```
      REAL X,Y
      INTEGER K,N
      N = 31
      K = 208
      X = -0.043
      Y = 7.1
      WRITE (6,103) N,X,Y,K
  103 FORMAT (1X,I3,2E11.3,I2)

      . . .
```

In diesem Beispiel werden

    N   nach dem Code I3
    X   nach dem Code E11.3
    Y   nach dem Code E11.3
    K   nach dem Code I2

ausgedruckt.

Auf dem Papier erscheint dann folgende Druckzeile

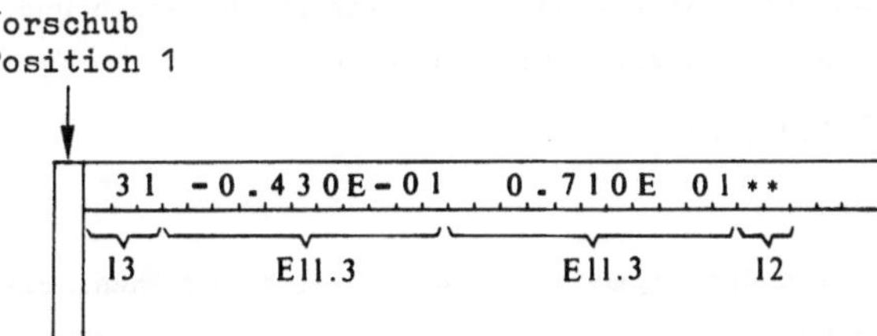

In dem letzten Ausgabefeld, das durch den Formatcode I2 beschrieben und für
die Ausgabe der Variablen K vorgesehen ist, erscheinen zwei Sterne, da
K den Wert 208 besitzt und damit mehr als zwei Ziffern hat.

Nun kann es aus irgendeinem Grunde sein, daß man die einzelnen Zahlen nicht
so nahe nebeneinander gedruckt haben möchte, sondern auf einen größeren
Zwischenraum Wert legt. Bei der Ausgabe kann man das recht einfach erreichen,
indem man bei den einzelnen Formatcodes die Feldweite w entsprechend vergrößert.
Würde man das obige Format mit der Nummer 103 abändern in

```
  103 FORMAT (1X,I6,2E13.3,I5)
```

dann ergäbe sich bei dem obigen WRITE-Befehl folgende Druckzeile

Eine andere Möglichkeit, zwei aufeinanderfolgende Felder durch einen Zwischenraum zu trennen, ist die Benutzung eines weiteren Formatcodes. Durch die Angabe

    aX

werden a Druckpositionen zwischen den benachbarten Feldern freigelassen.
So wird beispielsweise beim Aufruf des folgenden Formats

   103 FORMAT (1X,I3,2X,E11.3,2X,E11.3,3X,I2)

durch die WRITE-Anweisung des Beispiels 5.1 die folgende Zeile ausgedruckt:

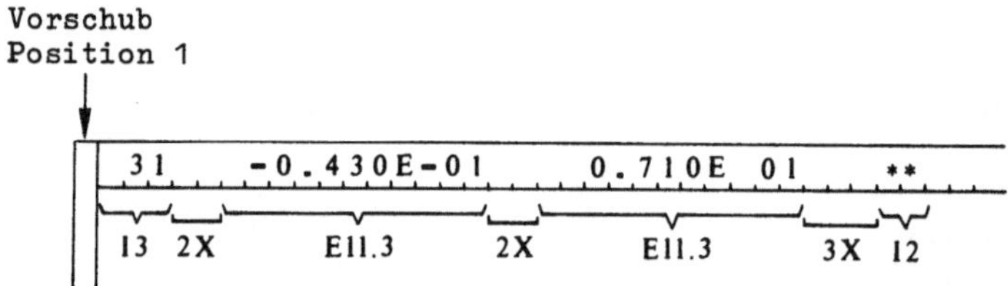

(Man beachte die unterschiedliche Ausgabe von K).

Man kann übrigens nicht nur gleiche Formatcodes zusammenfassen, sondern auch
gleiche Folgen von Formatcodes. Man hat sie dann in Klammern zu setzen und
die Anzahl der Wiederholungen davor zu schreiben. So liefert

   103 FORMAT (1X,I3,2(2X,E11.3),3X,I2)

dieselbe Ausgabezeile wie oben.

Eine weitere Möglichkeit, aufeinanderfolgende Ausgabefelder zu trennen, bietet
der Tabulator. Er besitzt den Code

    Tp

und bewirkt, daß alle Felder, die im Format nach Tp aufgeführt sind, von der
Druckposition p an ausgegeben werden. So liefert beispielsweise das Format

   103 FORMAT (1X,I3,T7,E11.3,T20,E11.3,T31,I5)

in Verbindung mit dem WRITE-Statement des Beispiels 5.1 die Zeile

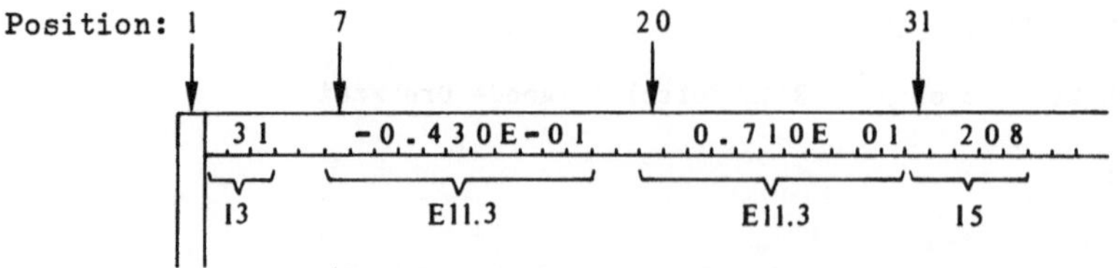

Ein nachfolgender Tabulatorcode darf durchaus einen geringeren Wert p besitzen als ein vorausgegangener, d.h. man kann den Tabulator zurücksetzen. So wird durch

```
      WRITE (6,103) N,X,Y,K
  103 FORMAT (1X,I3,T15,2E11.3,T5,I5)
```

mit den Werten für N,X,Y,K aus Beispiel 5.1 folgende Zeile ausgegeben.

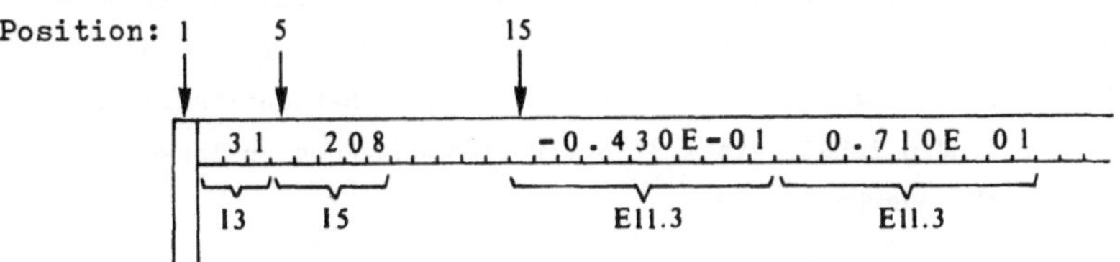

Neben dem Tabulator-Code Tp, der sozusagen die Position "absolut" innerhalb der Ausgabezeile festlegt, gibt es in Fortran 77 zwei Codes, die den Tabulator relativ zu dem momentanen Wert verschieben und zwar

$\quad$ TRa, $\qquad$ der den Tabulator um a Positionen weiter nach rechts,

und $\quad$ TLa, $\qquad$ der ihn um a Positionen nach links, also zurück,

setzt. Offensichtlich ist der Code

$\quad$ TRa $\qquad$ mit der Angabe aX

gleichwertig, wie sie auf Seite 36 beschrieben wurde.

Wie oben beschrieben hängt die Zuordnung der auszugebenden Variablen zu den Formatcodes nur von der Reihenfolge ab, wie sie in der Variablenliste der WRITE-Anweisung aufgeführt sind. Die Reihenfolge der in einer Druckzeile ausgegebenen Werte hängt darüber hinaus noch von den "absoluten" oder "relativen" Tabulatorangaben ab.[+)]

Für die Ausgabe von Werten mit dem Typ LOGICAL ist der Format-Code

$\quad$ aLw

vorgesehen, wobei w die Feldweite und a die Anzahl der gleichen Codes angeben. Hat die Variable den Wert

$\quad$ .TRUE.

so wird nach w-1 Leerstellen der Buchstabe T ausgegeben, ist ihr Wert

$\quad$ .FALSE.

so wird an diese Stelle der Buchstabe F geschrieben.

[+)]Man sollte das Zurücksetzen des Tabulators vermeiden, da es in aller Regel Verwirrung stiftet.

Wie auf Seite 33 bereits erwähnt gehört der Format-Code

    aZw

nicht zum Standard-Sprachumfang von Fortran 77. Da dieser Code aber oft erforderlich ist und auch von vielen Compilern unterstützt wird, wollen wir ihn hier darstellen.

Der Z-Code dient dazu, den Inhalt eines Speicherplatzes in hexadezimaler Form[+)] auszudrucken. Dabei kommt es nicht darauf an, welchen Typ die Variable hat, zu der der Speicherplatz gehört: Je 4 Bits werden zu einer Hexadezimalziffer zusammengefaßt. Um z.B. den Inhalt eines 32-Bit-Wortes ausgeben zu lassen, müssen wir den Code Z8 angeben.

Wir wollen nun kennenlernen, wie man Überschriften und Zwischentexte ausgeben kann. Dies geschieht, indem man den auszugebenden Text in dem zum WRITE-Statement gehörenden Format in Apostrophen (auch "Hochkommas" genannt) einschließt. Beispielsweise wird durch

```
      WRITE(6,104)
  104 FORMAT(1X,'VERSUCHSERGEBNISSE')
```

die folgende Zeile ausgegeben.

Vorschub
Position 1

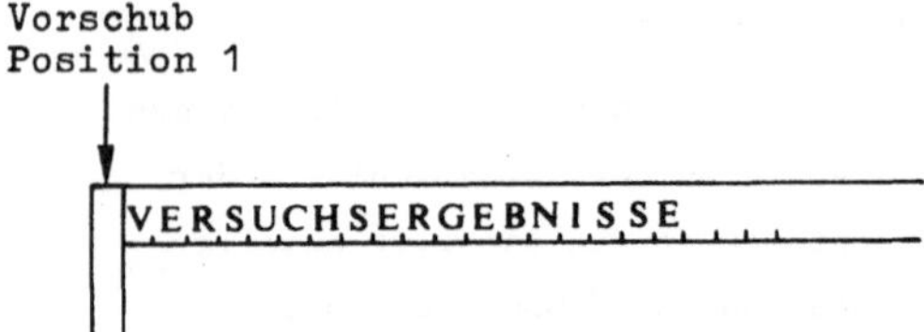

Man kann die Ausgabe von Text und Variablenwerten auch miteinander kombinieren. So ergibt sich bei den Werten aus Beispiel 5.1 durch

```
      WRITE (6,103) N,X,Y,K
  103 FORMAT (1X,' NR =',I3,' X =',E11.3,3X,
     *'Y =',F4.2,' K  =',I4)
```

folgende Druckzeile

Vorschub
Position 1

[+)] Vgl. Anhang A, Seite 121; dies hängt natürlich von der internen Wortstruktur der benutzten Rechenanlage ab.

Falls wir in dem Ausgabetext ein Apostroph haben wollen, müssen wir an
der entsprechenden Stelle in dem Format zwei unmittelbar aufeinanderfolgende
Apostrophen angeben, von denen eins in die Ausgabe übernommen wird.

Alternativ zu der gerade beschriebenen Ausgabeform für Texte kann man
einen Text durch

$$nH \underbrace{\ldots \qquad \ldots}_{\text{n aufeinanderfolgende Zeichen}}$$

in der FORMAT-Anweisung festlegen.[+) Bei Benutzung des H-Codes (von "Hollerith")
braucht man für die Ausgabe eines Apostrophes nur ein Zeichen anzugeben.
So wird durch

```
    WRITE (6,102)
102 FORMAT (1X,12HUEBERSCHRIFT)
```

die folgende Zeile ausgegeben.

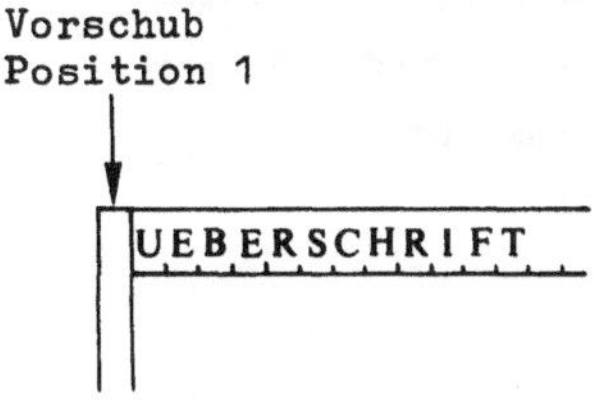

Vorschub
Position 1

    UEBERSCHRIFT

Damit haben wir die wichtigsten Formatcodes erläutert, die erforderlich sind,
um eine Ausgabezeile möglichst übersichtlich zu gestalten. Nun ist zu erklären,
mit welchen Mitteln man die einzelnen Zeilen möglichst übersichtlich auf
eine Ausgabeseite bringen kann.

Wie wir oben schon andeuteten, dient die Position 1 einer jeden Zeile dazu,
mit Hilfe von gewissen Steuerzeichen dem Drucker die Information zu geben,
um wieviel das Papier vorzuschieben ist, bevor die übrige Zeile (Position 2
bis 133) ausgegeben wird. Das Zeichen zur Steuerung des Vorschubes
("Vorschubzeichen") wird nicht ausgedruckt.

In der Position 1 einer jeden Zeile bewirkt

das Leerzeichen	einen Vorschub um 1 Zeile	es wird in die nächste Zeile gedruckt
die Ziffer 0	einen Vorschub um 2 Zeilen	eine Zeile bleibt leer
das Additionszeichen +	keinen Vorschub	es wird in dieselbe Zeile gedruckt
die Ziffer 1	einen Vorschub zur nächsten Seite	die erste Zeile der nächsten Seite wird gedruckt
andere Zeichen	Wirkung ist abhängig vom benutzten Compiler	

[+)] In der Praxis hat sich die obere Form mit Apostrophen weitgehend durchge-
setzt, da man die Zeichen des Textes nicht abzuzählen braucht.

Dabei ist es gleichgültig, wodurch eines dieser Zeichen in die "Druckposition" 1 gelangt ist: Prinzipiell wird das Zeichen, das in Position 1 steht, als Vorschubzeichen interpretiert und nicht gedruckt.

Hat beispielsweise die INTEGER-Zahl N den Wert 148, so wird durch

      WRITE (6,104) N
  104 FORMAT (I3)

die Ziffernfolge 48 auf die nächste Seite geschrieben.

Vorschub
Position 1

Bisher hatten wir durch den Code 1X zu Beginn eines jeden Ausgabe-Formates dafür gesorgt, daß in die Position 1 ein Leerzeichen gesetzt wurde. Dieses bewirkte einen Vorschub um eine Zeile. Drei andere Möglichkeiten mit derselben Wirkung bieten die folgenden FORMAT-Anweisungen

      n_1 FORMAT(T2,...)
      n_2 FORMAT(' ',...)
      n_3 FORMAT(1H ,...)

Dabei sollen die drei Punkte die übrigen Format-Codes andeuten.
Durch die zweite und dritte Möglichkeit wird angedeutet, wie man jedes andere Vorschubzeichen in die Position 1 bringen kann: Man schreibt das gewünschte Steuerzeichen als ersten Formatcode zwischen zwei Apostrophzeichen oder gibt es nach 1H an. So wird beispielsweise durch

      WRITE (6,100)
  100 FORMAT ('1','UEBERSCHRIFT')
oder
  100 FORMAT (1H1,'UEBERSCHRIFT')

der Text UEBERSCHRIFT auf die erste Zeile der nächsten Seite geschrieben. Dasselbe bewirken die Formate

      100 FORMAT ('1UEBERSCHRIFT')
bzw.
      100 FORMAT (13H1UEBERSCHRIFT)

Eine weitere Möglichkeit zur Steuerung der Ausgabe auf dem Drucker ist durch den Schrägstrich / (Divisionszeichen) gegeben. Er wird innerhalb eines Formates benutzt und zeigt an, daß eine neue Zeile (mit einem neuen Vorschubzeichen!) mit dem auf den Schrägstrich folgenden Inhalt zu beschreiben ist.

So wird z.B. durch

       WRITE (6,105) N,X,Y,K
  105 FORMAT ('1 N =',I3/2E10.2/'0 K =',I3)

bei den Werten aus Beispiel 5.1 (Seite 35) auf einer neuen Seite ausgegeben:

Vorschub
Position 1

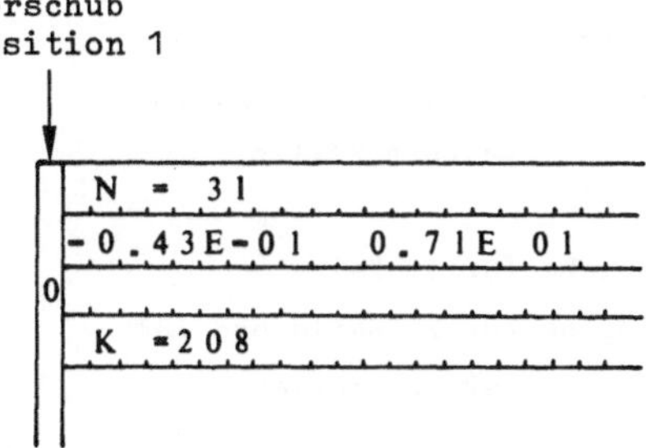

Durch n unmittelbar aufeinanderfolgende Schrägstriche werden (n-1)
Leerzeilen ausgegeben.

Falls die Liste in der WRITE-Anweisung mehr Variablennamen enthält als Aus-
gabe-Codes in dem Format spezifiziert sind, werden die restlichen Variablen
in folgender Vorgehensweise ausgedruckt:[+)]

1) Es wird die gerade behandelte Zeile ausgegeben und eine neue eröffnet.

2)a) Innerhalb der Formatspezifikation (also innerhalb der Klammern!) wird
     betrachtet, welches Klammerpaar sich als letztes schließt. Dieser
     Klammer-Bereich einschließlich Wiederholungsfaktoren und der Rest bis
     zum Ende der Formatangabe wird als Formatspezifikation der restlichen
     Variablen herangezogen. (U.U. auch mehrfach, wobei dann jedesmal eine
     neue Zeile begonnen wird). Man muß dafür sorgen, daß entsprechende Aus-
     gabe-Codes vorhanden sind, die zu den Variablen passen.

  b) Falls innerhalb der Formatspezifikation kein weiteres Klammerpaar
     vorhanden ist, wird das gesamte Format erneut herangezogen.
     (U.U. mehrfach, wobei dann jedesmal eine neue Zeile begonnen wird).

[+)] Bei vielen Compilern für Fortran IV gab es hierbei Abweichungen, falls ein
Schrägstrich (/) für eine neue Zeile benutzt wurde: für die Ausgabe der
restlichen Variablen wurde bis zu dem Schrägstrich zurückgegangen. Es ist
deshalb zweckmäßig einen entsprechenden Test durchzuführen.

<u>Beispiel:</u>

In den angedeuteten Formatangaben möge kein Schrägstrich enthalten sein.

WRITE (6,100) Variablenliste

a) 100 FORMAT (...(...)...(...)...)

      Formatangabe für 1. Zeile

      Formatangabe für 2. Zeile und für

           weitere Zeilen

b) 100 FORMAT (..2(...(...))...)

      Formatangabe für 1. Zeile

      Formatangabe für 2. Zeile und für

           weitere Zeilen

c) 100 FORMAT (....)

      Formatangabe für alle Zeilen

<u>Aufgabe 5.1</u>

Will man wissen, wie stark zwei Merkmale, die beide nur zwei Möglichkeiten
vorsehen, miteinander in Beziehung stehen, so kann man aus der sogenannten
Vierfelderkorrelation gewisse Rückschlüsse ziehen. (Als Beispiel die
Frage: Wer treibt lieber Sport, Jungen oder Mädchen?) Man kann dabei die
folgende Tabelle aufstellen:

	+	-
J	a	b
M	c	d

beispielsweise:

a = Anzahl der Jungen, die gern Sport treiben
b = Anzahl der Jungen, die nicht gern Sport treiben
c = Anzahl der Mädchen, die gern Sport treiben
d = Anzahl der Mädchen, die nicht gern Sport treiben

Die angegebene Tabelle kann man mit der Summe der jeweiligen Zeile bzw.
Spalte "rändern". Dann erhält man

	+	-	Σ
J	a	b	a+b
M	c	d	c+d
Σ	a+c	b+d	a+b+c+d

Es seien folgende Zahlen angegeben

a = 28   b = 61   c = 19   d = 72

Bitte lassen Sie für diese Werte die geränderte Tabelle mit den beiden
senkrechten und waagerechten Strichen herausdrucken.

<u>Hinweis:</u>

Einen waagerechten Strich simuliert man durch eine Folge von
Minuszeichen. Statt nun im Format

'--------'

anzugeben, kann man kürzer schreiben 8('-').
Einen senkrechten Strich setzt man aus untereinanderstehenden
Buchstaben 'I' zusammen.

Bisher haben wir bei den Beispielen für Ausgabeanweisungen immer nur
(einfache) Variable in der Variablenliste angegeben. Wir wollen nun beschreiben, wie man die Werte von Vektoren und Matrizen ausgeben kann.

Da jede Vektorkomponente und jedes Matrix-Element eine einfache Variable
darstellt, kann man die bisherige Beschreibung benutzen und die einzelnen
Elemente des Feldes angeben. Darüber hinaus gibt es die Möglichkeit, nur
den Namen des Vektors bzw. der Matrix in der Liste der WRITE-Anweisung aufzuführen. Dann wird das gesamte Feld in der Reihenfolge ausgegeben, wie es
intern gespeichert ist ("spaltenweise", vgl. Seite 26/27).[+)] Wie die
einzelnen Werte auf dem Papier ausgedruckt werden, hängt natürlich noch von
den zugeordneten Format-Codes ab.

Als eine dritte Ausgabemöglichkeit für Felder (eventuell auch Teilbereiche)
ist die sogenannte "implizite DO-Schleife" anzusehen. Sie hat die allgemeine Form

(liste, l = a,e,i)

Dabei steht "liste" für eine oder mehrere durch Kommata getrennte Größen
der folgenden Art:

- Name einer Variablen
- Vektorkomponente oder Matrixelement
- Name eines Vektors oder einer Matrix
- Ausdrücke

wie sie zu Beginn dieses Abschnitts für Ausgabelisten angedeutet wurden
(siehe Seite 32). Die Größen: Laufvariable l, Anfangswert a, Endwert e und
Inkrement i haben dieselbe Bedeutung wie bei der auf Seite 21 beschriebenen
DO-Anweisung. Die angegebenen Werte der "liste" werden für l = a, a+i, a+2i, ...
in Verbindung mit den entsprechenden Format-Codes ausgegeben. Da die "liste"
wieder eine implizite DO-Schleife enthalten darf, kann man offensichtlich
mehrere ineinanderschachteln.

[+)]Dies ist für die Ausgabe von Matrizen ungeschickt, da die Elemente - nach den
Formatangaben - nebeneinander ausgegeben werde, vgl. nachfolgende Aufgabe 5.2.

<u>Aufgabe 5.2</u>

Deklariert sei eine Matrix A durch

    REAL A(3,2)

und ihren Elementen A(j,k) seien die Werte j + k/10.0 zugewiesen.
Wie erscheinen die Werte auf dem Drucker, wenn als Ausgabeformat

   100 FORMAT (2F4.1)

zugrunde gelegt wird und folgende Ausgabeanweisungen angegeben werden?

a)   WRITE (6,100) A

b)   DO 1111 J = 1,3,1
      WRITE (6,100) (A(J,K), K=1,2,1)
 1111 CONTINUE

c)   WRITE (6,100) ((A(J,K), K=1,2,1), J=1,3,1)

6 Eingabe von Datenkarten

In diesem Abschnitt soll die Eingabe von Daten über Kartenleser beschrieben
werden. Die Eingabeanweisung ist nach derselben Struktur aufgebaut wie eine
Ausgabeanweisung (siehe Abschnitt 5). Sie hat die allgemeine Form

> READ (5,f) Eingabeliste
>
> f FORMAT (Angabe, aus welchen Spalten und in welcher Form die Information für die Variablen gelesen werden soll)

Die Zahl 5 nach dem Schlüsselwort READ gibt an, daß die Information von dem
Kartenleser zu lesen ist.[+)] Durch die Angabe anderer Geräte-Nummern kann man die
Information von einer Magnetbandeinheit oder einer Platteneinheit lesen lassen.
Hierauf soll erst später eingegangen werden.

Die Eingabeliste in der READ-Anweisung läßt sich genauso beschreiben wie
die Ausgabeliste der WRITE-Anweisung (vgl. Seite 32).

Der einzige Unterschied besteht darin, daß in der Eingabeliste nur Namen
von (einfachen) Variablen, Vektoren und Matrizen angegeben sein dürfen,
während in der Ausgabeliste darüberhinaus auch Konstanten sowie arithmetische
und logische Ausdrücke erlaubt sind.

Da eine Lochkarte nur 80 Spalten besitzt, darf in einem FORMAT-Statement
auch nur über maximal 80 Spalten verfügt werden. Hierbei können - im Gegensatz
zu den Fortran-Programmkarten - alle 80 Spalten für Daten genutzt werden.
Die einzelnen Felder auf der Datenkarte werden - wie bei der Ausgabe -
durch die Formatcodes

aIw	für INTEGER-Zahlen
aEw.d aFw.d	für REAL-Zahlen
aDw.d aFw.d	für Zahlen des Typs DOUBLE PRECISION

definiert. Spalten, die überlesen werden sollen, werden durch den Format-Code

> aX

übersprungen. Ferner kann man den Tabulator mit den Codes

> Tp,   TRa,   TLa

in demselben Sinne benutzen, wie sie im Abschnitt 5 für die Ausgabe dargestellt
wurden (vgl. Seiten 36 und 37).

[+)] Es kann sein, daß die "Geräte-Nummer" 5 über eine Job-Control-Karte dem
Gerät "Kartenleser" zugeordnet werden muß. In der Regel ist diese Zuordnung
vordefiniert.

Nun zu einigen Punkten, die bei der Eingabe anders sind als bei der Ausgabe.
Die abgelochte Zahl muß in einem INTEGER-Feld (Code aIw) ganz rechts in dem
angegebenen Feld stehen ("rechtsbündig"); es werden sonst bis zur letzten
Spalte des Feldes Nullen ergänzt. Dies erhöht die ursprüngliche Zahl natürlich
um einige Zehnerpotenzen. Das gleiche gilt dann, wenn in einem mit dem
E- oder D-Code spezifizierten Feld die Zahl mit einem Exponenten angegeben
wird. Locht man zum Beispiel in einem Feld mit dem Format-Code E10.2 die
Zahl $0,78 \cdot 10^{3}$ in der Form

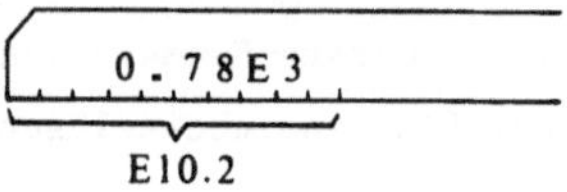

$$0 . 7 8 E 3$$

$$E\,10.2$$

ab, so wird der Wert $0,78 \cdot 10^{30}$ übermittelt, da in der letzten Spalte des
Feldes beim Einlesen eine Null ergänzt wird. Locht man dagegen nur die
Ziffernfolge mit Dezimalpunkt ohne Exponenten ab, so braucht die Zahl
nicht rechtsbündig abgelocht zu werden: Angefügte Nullen verändern den
Wert der Zahl nicht.

Wenn der Zahlenwert auf der Lochkarte mit einem Dezimalpunkt angegeben ist,
ist die Angabe der Ziffernzahl d in den Formatcodes Dw.d, Ew.d und Fw.d
ohne Bedeutung: Es wird der Wert von der Lochkarte übertragen, wie er sich
in dem Bereich von w Spalten darstellt und zwar für alle Format-Codes in
gleicher Weise.[+)] Nur dann, wenn man die Zahl ohne Dezimalpunkt und ohne
Exponentenangabe, also nur in ihrer Ziffernfolge, angegeben hat, wird ein
Dezimalpunkt automatisch eingefügt. Dies geschieht zwischen den Spalten d und
d+1, wenn man sie vom rechten Ende des Feldes w aus zählt. Hierdurch hat man
u.U. die Möglichkeit, auf der Lochkarte Platz zu sparen. Beispielsweise wird
bei dem Format-Code F5.2 (und ebenso bei E5.2 oder D5.2) von dem Eingabefeld
der Lochkarte

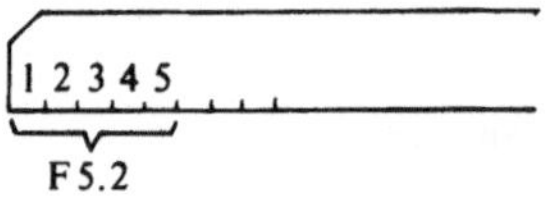

$$1\,2\,3\,4\,5$$

$$F\,5.2$$

der Wert 123,45 übertragen und analog bei

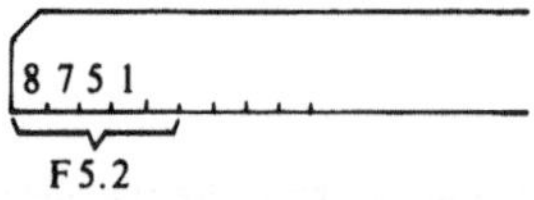

$$8\,7\,5\,1$$

$$F\,5.2$$

der Wert 875,10 an die entsprechende Variable übergeben.

[+)]Die Bedingung $w \geqslant d+7$ für die Codes D und E bzw. $w \geqslant d+2$ für den Code F
braucht damit nicht beachtet zu werden.

Bei der Eingabe fallen selbstverständlich alle Vorschubsteuerungen fort,
wie sie bei der Druckerausgabe erforderlich sind. Werden sie dennoch angegeben, so werden sie anders interpretiert. Wurde als Vorschubzeichen
das Leerzeichen durch

    f FORMAT (1X,...)

codiert, so wird bei der Eingabe hierdurch die erste Spalte der Datenkarte
überlesen. Wurde dagegen ein Vorschubzeichen v durch Hochkommas oder
den Formatcode 1H angegeben, also

    f FORMAT ('v',...) oder f FORMAT (1Hv,...)

spezifiziert, so wird der Inhalt der ersten Spalte der Datenkarte bei der
entsprechenden READ-Anweisung in das Feld des Steuerzeichens übertragen. Damit
ist das Vorschubzeichen v für eine spätere Druckausgabe überschrieben.[+]

An Stelle der Vorschubsteuerung, wie sie bei der Druckausgabe beschrieben
wurde, gibt es bei der Eingabe zwei Möglichkeiten, den Übergang von einer
Lochkarte zur nächsten - bei _einer_ READ-Anweisung - zu steuern: Einmal
dient hierzu der Schrägstrich innerhalb der Formatangabe, zum anderen die
Wiederbenutzung von Format-Codes bei noch nicht erschöpfter Eingabeliste.
Zu beiden Möglichkeiten, die natürlich auch kombiniert sein dürfen, wollen
wir je ein Beispiel angeben.

Beispiel 6.1a

    READ (5,101) N,X,I2,A1,F4,Z5
  101 FORMAT (I3,F5.1,I4/E10.7,F8.3/E10.1)

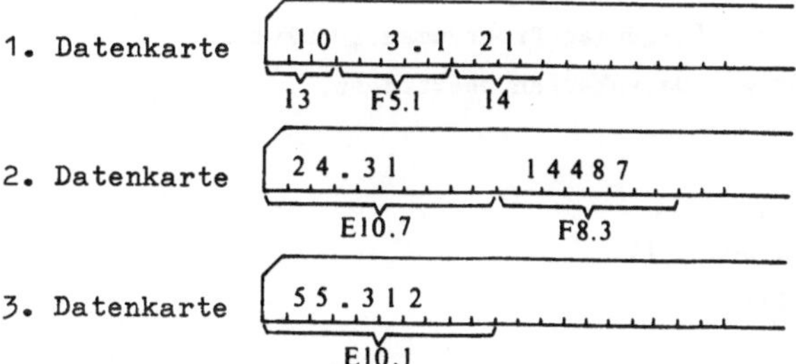

Nach der READ-Anweisung besitzen die Variablen folgende Werte

von der 1. Datenkarte:	N = 10	X = 3,1	I2 = 210
von der 2. Datenkarte:	A1 = 24,31	F4 = 1448,700	
von der 3. Datenkarte:	Z5 = 55,312		

[+] Standard Fortran 77 schließt die Format-Codes aH und Apostroph für die
Eingabe aus. Die meisten Compiler verfahren so, wie es hier für die
erste Spalte angedeutet wurde. Es empfiehlt sich, diese Codes bei
Eingabe-Formaten nicht zu benutzen.

<u>Beispiel 6.1b</u>

```
     READ (5,100) N,X,Y,Z
100 FORMAT (I3,(T4,F7.2))
```

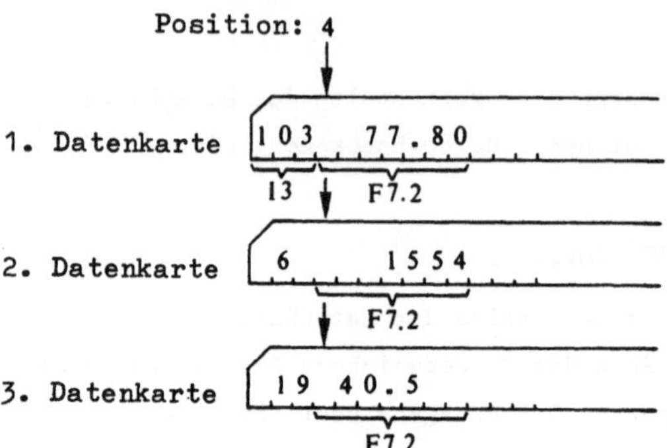

Hieraus resultieren die Wertübertragungen

von der 1. Datenkarte: N = 103   X = 77,80

von der 2. Datenkarte: X = 15,54

von der 3. Datenkarte: Z = 40,5

Die Werte 6 und 19 der 2. und 3. Datenkarte werden auf Grund des Tabulator-Codes T4 überlesen.

Die im Beispiel 6.1b angedeutete Möglichkeit bietet sich insbesondere für die Eingabe von Vektoren und Matrizen an.

<u>Aufgabe 6.1</u>

Welche Werte werden durch den folgenden Programmausschnitt in Verbindung mit den zugehörigen Datenkarten übertragen?

```
     INTEGER J,N
     REAL A(0:10)
     READ (5,100) N,(A(J),J=0,N,1)
100 FORMAT (I2,(T5,2F5.1))
```

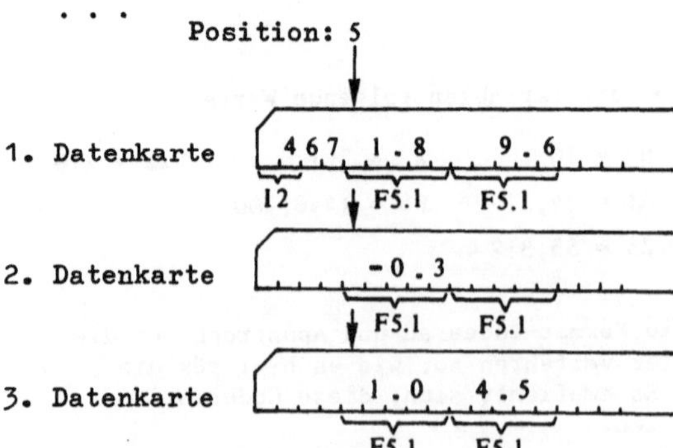

Sobald durch eine Folge von READ-Anweisungen alle Datenkarten eingelesen
worden sind, liegt als nächste Karte die sogenannte "End-of-File-Karte"
in der Lesestation. Wird nun ein weiterer Leseversuch gestartet, dann wird
das Programm mit einer Fehlermeldung abgebrochen. Um diesen Programmabbruch
zu unterbinden, ist in der allgemeinen Form der READ-Anweisung ein weiterer
Parameter vorgesehen:

    READ (5,f,END=m) Eingabeliste

Sobald durch eine READ-Anweisung dieser Form die "End-of-File-Karte"
gelesen (und interpretiert) ist, wird der Eingabevorgang abgeschlossen und
zu der Anweisung mit der Nummer m verzweigt. Bei dieser Marke m kann das
Programm fortgesetzt werden, wobei natürlich eine weitere Eingabe von
Datenkarten ausgeschlossen ist. Als ein Anwendungsbeispiel sei die folgende
Aufgabe gestellt:

Aufgabe 6.2

Gegeben seien n Meßwerte $x_1, x_2, \ldots, x_n$.

Bitte schreiben Sie ein Programm, das den Mittelwert m

$$m = \frac{1}{n} \sum_{i=1}^{n} x_i$$

bestimmt, ohne die Kenntnis der Anzahl n vorauszusetzen.

7 Interne Darstellung von Zeichen, Initialisierung von Variablen

Bei unseren bisherigen Programmen haben wir die verschiedensten Zeichen
wie Buchstaben, Ziffern und Sonderzeichen benutzt, ohne uns Gedanken
darüber zu machen, wie diese Zeichen in der Rechenanlage dargestellt werden.
Wir wollen das jetzt nachholen. Denn wir meinen, daß es zur Lösung mancher
Probleme zweckmäßiger ist, etwas über die interne Zeichendarstellung zu
wissen, auch wenn die Realisierung in der jeweils zur Verfügung stehenden
Rechenanlage anders sein kann, als es hier exemplarisch beschrieben wird.
Bei unserer Darstellung gehen wir von 8 Bits pro Einheit zur Verschlüsselung
eines Zeichen (= 1 Byte) aus. In dieser Einheit kann man die Zahlen
von 0 bis 2^8-1 = 255 im Dualsystem darstellen. Ordnet man jedem Zeichen,
das man verschlüsseln möchte, eine Dualzahl von 0 bis 255 zu, so kann
man in einem Byte bis zu 256 verschiedene Zeichen kodieren. Die Zuordnung
zwischen den Zeichen und den Dualzahlen ist natürlich willkürlich, muß aber
anschließend beibehalten werden. Wir wollen hier den EBCDIC-Code[+) benutzen,
bei dem man sich auf folgende Festlegung geeinigt hat.

bit position 0 - 3	bit position 4 - 7															
	0	1	2	3	4	5	6	7	8	9	A	B	C	D	E	F
0																
1																
2																
3																
4	blank										¢	.	<	(	+	|
5	&										!	$	*	)	;	¬
6	-	/										,	%	_	>	?
7											:	#	a)	'	=	"
8		a	b	c	d	e	f	g	h	i						
9		j	k	l	m	n	o	p	q	r						
A			s	t	u	v	w	x	y	z						
B																
C		A	B	C	D	E	F	G	H	I						
D		J	K	L	M	N	O	P	Q	R						
E			S	T	U	V	W	X	Y	Z						
F	0	1	2	3	4	5	6	7	8	9						

[+) Extended Binary Coded Decimal Interchange-Code

In der Tabelle sind die Kleinbuchstaben und alle Zeichen aufgeführt,
die auf der Tastatur des Lochers vorhanden sind. Weitere Zeichen können in
den freien Feldern für spezielle Aufgaben festgelegt werden. Bei der Tabelle
wurden in der Senkrechten die erste Hexadezimalziffer eines Bytes
(Bitposition O bis 3) und in der Waagerechten die zweite Hexadezimalziffer
(Bitposition 4 bis 7) angegeben. Wie man leicht nachprüfen kann, hat
zum Beispiel der Buchstabe G

$$\text{die Verschlüsselung}\quad \boxed{C\ \ 7}\quad\text{oder in Dualform}\quad \boxed{1\ 1\ 0\ 0\ 0\ 1\ 1\ 1}$$

Man beachte, daß die Verschlüsselung der Ziffern (als Zeichen) eine andere ist
als die duale Verschlüsselung ihres Zahlenwertes. Die Ziffer 6 hat die Codierung

$$\boxed{F\ \ 6}\quad =\quad \boxed{1\ 1\ 1\ 1\ 0\ 1\ 1\ 0}$$

aber die Verschlüsselung der Zahl 6 in einer INTEGER-Variablen ist in
hexadezimaler Form

$$\boxed{0\ \ 0}\ \boxed{0\ \ 0}\ \boxed{0\ \ 0}\ \boxed{0\ \ 6}$$

Die Frage ist nun, wie man die einzelnen Zeichen als Daten in die Rechenanlage eingeben und wie man im Fortran-Programm über die einzelnen Größen
verfügen kann. - Die Verarbeitung von Zeichen und von Texten ist erst in
Fortran 77 durch einen eigenen Typ, nämlich CHARACTER, vorgesehen worden.[+]

Konstanten mit dem Typ CHARACTER sind uns bereits im Zusammenhang mit der
Ausgabe auf dem Drucker begegnet (vgl. Seite 38):

> Eine CHARACTER-Konstante ist eine Folge von Zeichen, die in Apostrophen (')
> eingeschlossen sind. Die Länge der Konstanten ist gegeben durch die
> Anzahl ihrer Zeichen.

Man spricht auch von einer Zeichenkette. Die Apostrophen zu Beginn und am
Ende der Zeichenfolge gehören nicht zu der Konstanten. Soll ein Apostroph
in die Zeichenfolge übernommen werden, so müssen zwei unmittelbar aufeinanderfolgende Apostrophen angegeben werden.

Variable mit dem Typ CHARACTER werden in einer Typ-Deklaration zu Beginn
des Programms angegeben. Hierzu werden nach dem Schlüsselwort

> CHARACTER

und der Längenangabe[++] für die Variablen (angegeben durch *Länge) die
einzelnen Namen durch Kommata getrennt aufgeführt. So werden z.B. durch

---

[+] Wie man die Bearbeitung in Fortran IV vornehmen kann, ist auf Seite 56
beschrieben.

[++] Die Längenangabe muß durch eine Konstante erfolgen; ein arithmetischer
Ausdruck ist nicht erlaubt. Die maximal zulässige Länge hängt von der
benutzen Rechenanlage ab. Ist keine Länge angegeben, so wird die Länge 1
angenommen, d.h.
> CHARACTER und CHARACTER*1
sind gleichbedeutend.

        CHARACTER*10 A,B,C

drei Variable mit den Namen A, B und C deklariert, in denen je bis zu 10
aufeinanderfolgende Zeichen abgespeichert werden können. Wenn einzelne Variable
von der angegebenen Länge abweichen, so kann man ihnen bei der Deklaration eine
andere Längenangabe zuordnen.[+)] Dies geschieht im Anschluß an ihren Namen in der
gleichen Form (*Länge), wie etwa in dem nachfolgenden Beispiel

CHARACTER*10 A,A1*15,B,B1*20,C	Besser benutzt man mehrere Deklarationsanweisungen:
Hier haben die Variablen	CHARACTER*10 A,B,C
A, B und C die Länge 10	CHARACTER*15 A1
und A1 die Länge 15	CHARACTER*20 B1
B1 die Länge 20	

Darüberhinaus kann man Vektoren und Matrizen mit dem Typ CHARACTER deklarieren.
Die Grenzpaare für die einzelnen Indizes sind in Klammern - wie bei den bisher
beschriebenen Deklarationen - im Anschluß an den Namen anzugeben. Dann bedarf
eine Längenangabe folgen, die für alle Komponenten des Feldes gilt:

Beispiel:

            CHARACTER*10 A,Z(0:30)*5,B,X(6,20)*15,C
        Neben den einfachen Variablen A,B und C,
            die die Länge 10 besitzen,
        sind für den Vektor Z
            31 Komponenten deklariert, in denen jeweils 5 Zeichen
                gespeichert werden können,
        und für die Matrix X
            120 Elemente für jeweils 15 Zeichen

Es soll nun dargestellt werden, wie einer CHARACTER-Variablen im Laufe des
Programmes eine Folge von Zeichen ("Zeichenkette") übergeben werden kann. Eine
erste Möglichkeit stellt die Zuweisungsanweisung für CHARACTER-Variable dar.
Die einfachste Form ist

        v = a

Dabei ist

        v   eine einfache Variable, eine Komponente eines Vektors oder
            das Element einer Matrix vom Typ CHARACTER
        a   ein CHARACTER-Ausdruck, wobei hierunter zunächst eine Konstante
            oder eine Variable mit dem Typ CHARACTER verstanden wird.

Bei der Zuweisung wird folgendermaßen verfahren:
Es wird von links beginnend das Empfangsfeld (v) mit den Zeichen des CHARACTER-
Ausdrucks a gefüllt. War das Empfangsfeld zu klein, werden die restlichen Zeichen

---

[+)]Aus Gründen der Übersichtlichkeit empfiehlt es sich, für jede Länge eine
gesonderte CHARACTER-Deklaration vorzusehen.

(ohne Fehlermeldung!) abgeschnitten; war das Empfangsfeld größer, werden
für die restlichen Plätze Leerzeichen (40_{hex}) eingefügt.

Für die Variablen A und B des obigen Beispiels ergeben die Anweisungen

    A = 'ZUWEISUNGEN'
    B = 'FORTRAN'

die folgenden Inhalte:

    A: | Z U W E I S U N G E |

    B: | F O R T R A N |

Für eine CHARACTER-Variable kann man einen Teilbereich, die sogenannte
CHARACTER-Teilkette, spezifizieren. Von diesem Teilbereich kann man Zeichen
abrufen und auch umgekehrt Zeichen in einen Teilbereich hin übertragen.
Zur Spezifikation des Teilbereichs wird die Anfangsposition p_1 und die
Endposition p_2 (von links gezählt) durch einen Doppelpunkt getrennt in
Klammern nach dem Namen der Variablen v angegeben.[+)] Dabei dürfen p_1 und p_2
ganzzahlige arithmetische Ausdrücke sein. So wird z.B. durch A(3:9) auf die
Zeichenfolge 'WEISUNG' der CHARACTER-Variablen A zugegriffen und durch

    C = B(4:7)

wird in der Variablen C die Zeichenfolge 'TRAN' gespeichert:

    C | T R A N |

Entsprechend kann man in einer bereits "belegten" Variablen einen Teilbereich
überschreiben oder hinzufügen, wie z.B.

    B(9:10) = '77'

Anschließend steht in B die Zeichenfolge:

    B | F O R T R A N   7 7 |

Das Bilden von Teilbereichen ist auch bei Vektorkomponenten und Matrixelementen möglich: Zuerst ist das entsprechende Element anzugeben und dann -
wie oben beschrieben - der gewünschte Bereich. So wird durch

    X(5,10)(1:3)

für das Matrix-Element X(5,10) ein Teilbereich beschrieben, der aus den
ersten drei Zeichen besteht (Position 1 bis 3).

Für Operanden mit dem Typ CHARACTER ist ein Verkettungsoperator (//) vorgesehen.
Er fügt eine Zeichenfolge a_1 mit einer Zeichenfolge a_2 zusammen

    a_1 // a_2

[+)]Hierdurch ist eine Unterscheidung zu den Elementen einer Matrix möglich.

Die verkettete Zeichenfolge hat als Länge die Summe der Längen beider
Operanden und als Inhalt die Zeichen von a_1 und dann anschließend die
Zeichen von a_2. Für beide Operanden gilt, daß sie

       - (einfache) Variable oder Konstanten
       - Vektorkomponenten oder Matrixelemente   mit dem Typ CHARACTER
       - Teilketten oder
       - CHARACTER-Ausdrücke in Klammern

sein dürfen. So ist z.B.

    A = 'TEXT' // 'WERTE'

eine zulässige Verkettung, die in der Variablen A folgenden Inhalt abspeichert.

    A | T E X T W E R T E |

Eine weitere Möglichkeit, in eine CHARACTER-Variable eine Folge von Zeichen
zu übertragen, ist durch die Eingabe von Datenkarten gegeben. Hierzu ist –
wie bereits beschrieben – die READ-Anweisung in Verbindung mit einer
Formatangabe vorgesehen. Neu sind die beiden Formatcodes [+)]

    aA   und   aAw

zur Übertragung von Zeichen.

Wenn der Code aA angegeben ist, werden so viele Zeichen von der Datenkarte
übertragen, wie die Länge der zugehörigen CHARACTER-Variablen der Eingabeliste angibt.

Wird der Format-Code in der Form aAw benutzt, so gibt die Feldweite w an, wie
viele Zeichen übertragen werden sollen. Welche Zeichen aus dem Eingabefeld an
die zugehörige CHARACTER-Variable der Eingabeliste übergeben werden, hängt
wesentlich von der Länge der Variablen ab. Das Resultat ist anders, als man es
auf Grund der oben erläuterten Zuweisung an CHARACTER-Variable vermutet:[++)]

Ist die Länge l_v der CHARACTER-Variablen v größer als die Feldweite w,

    so werden w Zeichen links in die Variable v übertragen und rechts
    (l_v-w) Leerzeichen ergänzt.

Ist die Länge l_v kleiner als die Feldweite w,

    so werden die l_v rechts stehenden Zeichen aus dem Feld in die Variable v
    übertragen, die links stehenden $(w-l_v)$ Zeichen werden abgeschnitten.

[+)] Buchstaben a und w in der Bedeutung von Abschnitt 6 (vgl. Seite 33):
    a: Wiederholungsfaktor (=Anzahl gleicher Codes),
    w: Feldweite

[++)] Es liegt zwar nahe, das Einlesen als eine Zuweisung einer externen
Zeichenfolge an die (interne) Variable zu interpretieren; doch dies
ist falsch!

Bei der Ausgabe von CHARACTER-Variablen werden die beiden Format-Codes
aA und aAw in derselben Bedeutung wie oben beschrieben benutzt. Stimmt
die Länge der auszugebenden CHARACTER-Variablen mit der Feldweite w überein,
dann sind die Codes aA und aAw identisch und es wird der gesamte Inhalt der
Variablen v in dem vorgesehenen Feld ausgegeben.

Ist die Länge 1_v der Variablen v größer als die Feldweite w,

> so werden die w links stehenden Zeichen ausgegeben,
> die (1_v-w) rechts stehenden Zeichen der Variablen v werden abgeschnitten.

Ist die Länge 1_v kleiner als die Feldweite w,

> werden 1_v Zeichen rechts in dem Feld ausgegeben
> links werden Leerzeichen eingefügt.

Aufgabe 7.1

Welche Zeichen werden nach Durchlaufen des folgenden Programmausschnitts ausgegeben?

```
      CHARACTER ZEILE,Z*3,C*4
      ZEILE = 'KOPFZEILE'
      WRITE (6,100) 'TITEL: ',ZEILE
  100 FORMAT (1X, 2A)
      READ (5,101) Z,C
  101 FORMAT (A2,A6)
      WRITE (6,102) Z,C
  102 FORMAT (1X,A6,A2)
      ...
```

Datenkarte: XYJKLMNOP

Im Abschnitt 3 hatten wir auf Seite 17 dargestellt, wie man arithmetische
Ausdrücke miteinander vergleichen kann. Für viele Aufgaben will man auch
Zeichen und Folgen von Zeichen miteinander vergleichen können. Da jedem
Zeichen ein ganzzahliger Wert zugeordnet ist, wird intern der Vergleich
zwischen CHARACTER-Größen auf den Vergleich arithmetischer Ausdrücke
zurückgeführt. Bestehen die CHARACTER-Größen jeweils aus mehr als einem
Zeichen, so werden die an gleicher Position stehenden Zeichen miteinander
verglichen.- Sind die beiden Zeichenfolgen unterschiedlich lang, so wird
die kürzere für den Vergleich um nachgezogene Leerzeichen ("blank") ergänzt.[+)]

[+)]Dies bringt nur dann kein anderes Ergebnis als das Abschneiden der längeren
Zeichenfolge, wenn in dem Zwischenbereich kein Zeichen benutzt ist, das in
die (nicht besetzten) Zeilen 0 bis 3 der Tabelle auf Seite 50 gehört.

Aufgabe 7.2

Bitte schreiben Sie ein Programm zum Sortieren von Stichwörtern.
Pro Datenkarte sei ein Stichwort in den ersten 2o Spalten angegeben;
es seien höchstens loo Stichwörter gegeben.

Wie bereits vorher angedeutet, ist der Datentyp CHARACTER in Fortran IV
nicht vorgesehen. Bei den meisten Compilern kann man sich dadurch helfen,
daß man die Verschlüsselung der Zeichen in einer INTEGER-Variablen abspeichert,[+)]
wobei einige Compiler auch Zuweisungsanweisungen in der Form

    v = 'Zeichenfolge'

zulassen. Dabei darf die Zahl der Zeichen nicht zu groß sein.[++)] Eine
weitere Möglichkeit stellt die Eingabe über Datenkarten in Verbindung mit
dem oben beschriebenen Format-Code

    aAw

dar, wobei die Feldlänge auf die Länge des jeweiligen Speicherplatzes zuge-
schnitten sein muß. Wie auf Seite 54 beschrieben, werden die übertragenen
Zeichen "linksbündig" in die aufnehmende Variable gesetzt. Da das Vorzeichenbit
hierbei ebenfalls in Beschlag genommen wird, sind die Werte der INTEGER-Variablen
negativ, wenn das am weitesten links stehende Zeichen in der Variablen in der
Tabelle auf Seite 50 ab Zeile 8 angegeben ist. Dies ist bei einer späteren
Sortierung und bei Vergleichen von Zeichen in INTEGER-Variablen zu berücksichtigen.

Aufgabe 7.3

Bitte versuchen Sie die Aufgabe 7.2 ohne CHARACTER-Variable zu lösen.

Wie wir schon im Abschnitt 1 auf Seite 5 erläuterten, müssen alle Variablen
einen Wert zugewiesen bekommen haben, bevor sie auf der rechten Seite eines
Gleichheitszeichens stehen dürfen. Besonders dann, wenn man viele verschiedene
Variable, Vektoren oder Matrizen auf einen Anfangswert setzen muß (siehe
z.B. Aufgabe 4.2, Seite 101, wünscht man sich eine kompaktere Schreibweise
zur Vermittlung von Anfangswerten. Diese Möglichkeit ist durch die
DATA-Anweisung gegeben, die nach der Deklaration von Variablen und Feldern
und vor den ausführbaren Anweisungen (siehe Anhang D, Seite 130) eingefügt
sein muß. Sie hat die allgemeine Form

    DATA Variablenliste / Konstantenliste /

[+)] Es sind auch Variable vom Typ REAL und DOUBLE PRECISION zugelassen; falls
man jedoch Vergleiche zwischen den verschlüsselten Zeichen vornehmen will,
sind hierdurch zusätzliche Schwierigkeiten gegeben.
[++)] Bei der benutzten Rechenanlage: 4 Zeichen.

Jedem Element in der Variablenliste muß genau eine Angabe in der Konstantenliste mit dem entsprechenden Typ zugeordnet sein, wobei die Zuordnung rein
sequentiell vorgenommen wird. [+)] So werden zum Beispiel durch

        DATA A,B,C,D/0,0,0,-7.1/

für die Variablen A, ..., D die folgenden Anfangswerte gesetzt:

        A : 0
        B : 0
        D : 0
        D : -7.1

Als eine Verallgemeinerung der obigen Form kann man stattdessen auch schreiben:

        DATA A,B,C/0,0,0/,D/-7.1/

oder, da man mehrere Konstanten zusammenfassen darf (in der Form r*k):

        DATA A,B,C/3*0/,D/-7.1/

oder ebenso

        DATA A,B,C,D/3*0,-7.1/

Eine Initialisierung ist auch bei Vektoren und Matrizen möglich, wobei man
bei den letzteren berücksichtigen muß, daß sie als Vektoren abgespeichert
werden (vgl. Seite 26). So werden für die Deklarationen

        INTEGER D(5,4)
        DOUBLE PRECISION X(100)

durch die anschließende Anweisung

        DATA X/100*1.D0/,D/5*1,7*0,3,4,6,8,4*2/

folgende Anfangswerte festgelegt:

        Alle 100 Komponenten des Vektors X erhalten den Wert 1.D0 und die
        Matrix D die Werte

                1   0   0   8
                1   0   0   2
                1   0   3   2
                1   0   4   2
                1   0   6   2

Zur Festlegung der Vektorenkomponenten und der Matrixelemente darf man in
der Variablenliste auch eine implizite DO-Schleife benutzen. Dies kann

---

[+)] Sind die Listen unterschiedlich lang, gehen die überzähligen Angaben ohne
Fehlermeldung verloren; dies kann bedeuten, daß nicht alle angegebenen
Variablen auf den gewünschten Anfangswert gesetzt werden.

zur Übersichtlichkeit beitragen, wenn man eine Matrix zeilenweise initialisieren
möchte. So ist für die obige Matrix D dieselbe Initialisierung durch folgende
Anweisung unter Benutzung von Folgekarten erreichbar.

```
    DATA ((D(J,K),  K = 1,4),J = 1,5)
*          /1,0,0,8,
*           1,0,0,2,
*           1,0,3,2,
*           1,0,4,2,
*           1,0,6,2/
```

Die Initialisierung von Variablen des Typs CHARACTER vollzieht sich analog
zu dem oben Gesagten. Man muß lediglich die vereinbarte Länge berücksichtigen.
Weichen die Längen 1_v der Variablen in der Variablenliste und der Konstanten (1_k)
in der Konstantenliste voneinander ab, werden entweder

- in der Variablen rechts Leerzeichen nachgezogen $(1_v > 1_k)$ oder
- die rechts stehenden Zeichen der Konstanten abgeschnitten $(1_v < 1_k)$.

<u>Beispiel:</u>

```
    CHARACTER A,B*4,C(30)*2
    DATA A,B,C / '*', '+-*/', 30*'%' /
```

Es werden folgende Initialisierungen durchgeführt:
Variable A der Länge 1 mit dem Zeichen   *
        B der Länge 4   mit   +,-,*,/
Vektor C mit 30 Komponenten der Länge 2 mit den Zeichen   %
(ein Leerzeichen wird nachgezogen, da die Konstante nur aus einem
Zeichen besteht).

Als ein Anwendungsbeispiel wollen wir uns die folgende Aufgabe stellen.

<u>Beispiel 7.1</u>

Wir wollen die Funktion

$$y = 16x^5 - 20x^3 + 5x \qquad \text{(Tschebyscheff-Polynom 5. Grades)}$$

im Intervall $(-1,1)$ mit einer Schrittweite von 0,05 berechnen
und auf dem Drucker "graphisch" ausgeben.

Um bezüglich der Größe des Intervalls auf der x-Achse möglichst flexibel
zu sein (im Hinblick auf andere Beispiele), legen wir die x-Achse senkrecht
zur Ausgabenzeile, d.h. parallel zur linken Papierkante. Dem (konstanten)
Zuwachs der x-Werte entspricht dann ein Zeilenvorschub. Ausgeben wollen
wir neben dem Funktionsverlauf auch die Werte von x und y.

Damit ergibt sich folgendes Bild, wobei der Graph von y über 51
Druckpositionen erstreckt werden soll:

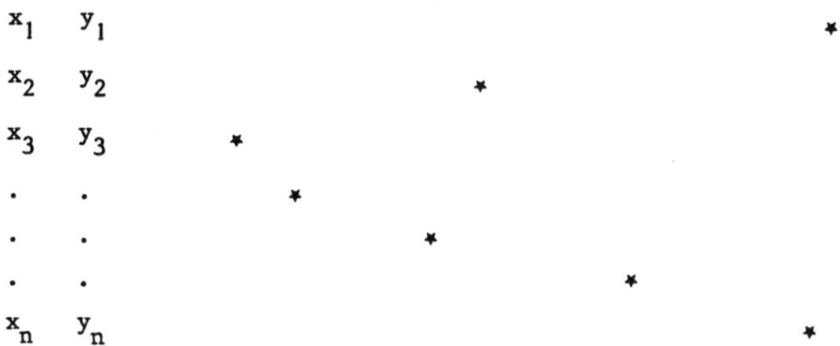

Nach dem Strahlensatz ergibt sich aus der folgenden Skizze

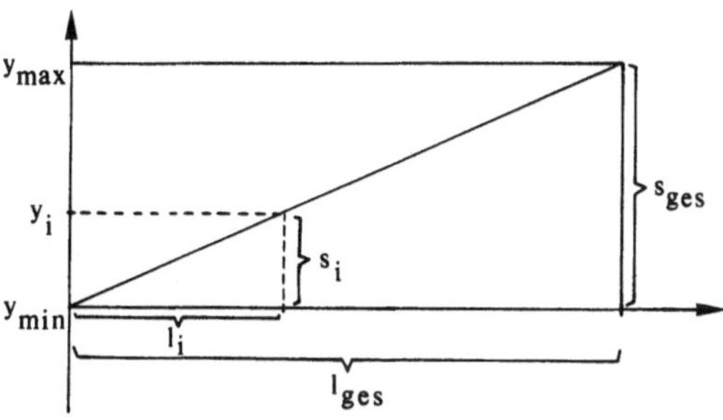

die folgende Beziehung:

$$l_i : l_{ges} = s_i : s_{ges}$$

Wegen $\qquad s_{ges} = y_{max} - y_{min}$

$$s_i = y_i - y_{min}$$

und $\qquad l_{ges} = 50$

folgt hieraus:

$$l_i = \frac{50}{y_{max} - y_{min}} (y_i - y_{min})$$

Die Länge l_i kann damit die Werte 0, 1, ..., 50 annehmen. Wir sehen zur
Ausgabe der "Kurve" deshalb einen Vektor mit dem Typ CHARACTER vor, dessen
Index von 0 bis 50 reicht. - In den beiden Spaltenvektoren der Matrix WERTE
(s.u.) werden die Werte x_i und y_i gespeichert. Da die Funktion y den Wert 0
in dem betrachteten Intervall annimmt, können wir y_{min} und y_{max} mit dem Wert 0
initialisieren.

```fortran
      CHARACTER Z(0:50),BLANK,STERN
      REAL X,Y,WERTE(100,2),YMIN,YMAX,H
      INTEGER K,L,J,JMAX
      DATA BLANK,(Z(K),K=0,50,1),STERN/52*' ','*'/,YMIN,YMAX/0,0/
      JMAX = 0
      DO 1 X = -1,1.01,0.05
      JMAX = JMAX+1
      WERTE(JMAX,1) = X
      Y = 16*X**5-20*X**3+5*X
      WERTE(JMAX,2) = Y
      IF (Y .GT. YMAX) YMAX = Y
      IF (Y .LT. YMIN) YMIN = Y
    1 CONTINUE
      H = 50/(YMAX-YMIN)
      DO 2 J = 1,JMAX,1
      L = H*(WERTE(J,2)-YMIN)
      Z(L) = STERN
      WRITE (6,100) WERTE(J,1),WERTE(J,2),(Z(K),K=0,50)
  100 FORMAT (1X,F6.2,F8.3,2X,51A1)
      Z(L) = BLANK
    2 CONTINUE
      STOP
      END
```

8 Unterprogrammtechnik: Funktionsunterprogramme

Mit den bisher angegebenen Hilfsmitteln kommt man in der Regel aus, um
jedes der Programmiersprache Fortran angemessene Problem zu lösen. Trotzdem
sollten Sie sich aus den beiden folgenden Gründen mit der Unterprogrammtechnik
vertraut machen.

1) Durch das Unterteilen eines umfangreicheren Programms in einzelne
   Unterprogramme kann ein Programm übersichtlicher gestaltet werden.
   Demzufolge läßt sich das Programm schneller austesten.

2) Für viele Probleme stehen bereits Lösungen zur Verfügung. Diese
   Lösungen sind in der Regel als Funktionsunterprogramme oder als
   Subroutinen angelegt.

In diesem Abschnitt wollen wir die Deklaration und den Aufruf der Funktionsunterprogramme darstellen und im nächsten das Gleiche für die sogenannten
Subroutinen.

Ein Funktionsunterprogramm wird immer dann mit Vorteil benutzt, wenn _ein_
Wert (=Funktionswert) in Abhängigkeit von einem oder mehreren Argumenten
("Parametern") zu berechnen ist, und man die Berechnungsvorschrift sonst an
mehreren Stellen im Programm angeben müßte.

Eine vereinfachte Form der Funktionsunterprogramme stellen die "Formelfunktionen" oder "Anweisungsfunktion" (statement function) dar, die man
durch eine einzige Anweisung deklariert. Diese Funktionsart ist dazu gedacht,
einen einfachen formelmäßigen Zusammenhang zu programmieren. Die Deklaration
der Formelfunktion hat die folgende allgemeine Form

        Name(LfP) = Ausdruck

Dabei steht

        Name   für den Namen der Funktion,
        LfP   für die Liste formaler Parameter und
        Ausdruck   für einen Ausdruck des Typs CHARACTER,
                    DOUBLE PRECISION, INTEGER, LOGICAL oder REAL.

Die Deklaration muß vor der ersten ausführbaren Anweisung (vgl. Anhang D, Seite 130)
angegeben sein; vorausgehen dürfen nur andere Deklarationen. Die so deklarierte
Funktion ist dann in dem Programmabschnitt bekannt (bis zur Anweisung END).
Der Typ der Formelfunktion muß in einer Deklarationsanweisung durch Aufführen
des Namens festgelegt werden, wenn man nicht auf die vorgegebene Namensfestlegung
zurückgreifen kann oder will (vgl. Seite 27/28). Der Typ der Formelfunktion und
der Typ des Ausdrucks auf der rechten Seite des Zuweisungszeichens müssen
übereinstimmen oder zumindest eine Zuweisung erlauben.

Unter den formalen Parametern sind die Namen der einfachen Variablen zu verstehen, von denen die Formelfunktion abhängt. Sie stellen in der Deklarationsanweisung Platzhalter (versehen mit einem bestimmten Typ) für die aktuellen Parameter dar, die beim Aufruf der Formelfunktion einzusetzen sind.

Beispiel 8.1

Mit Hilfe der Formelfunktion hätten wir im Beispiel 7.1 (vgl. Seite 60) programmieren können:

```
CHARACTER ...        ┐
REAL ... , X1,FKT    │   wie im Beispiel 7.1
INTEGER ...          │
DATA ...             ┘
FKT(X1) = 16*X1**5-20*X1**3+5*X1
...
```

Der Aufruf muß dann an Stelle des arithmetischen Ausdruck erfolgen durch[+)]

```
Y = FKT(X)
```

Dabei ersetzt der aktuelle Parameter X mit dem Typ REAL den formalen Parameter X1 an allen Stellen in der Deklarationsanweisung und der angegebene Ausdruck wird mit dem Wert von X ausgewertet.

Es ist klar, daß durch die Formelfunktion nur sehr einfache funktionale Zusammenhänge beschrieben werden können. Wenn die Berechnung der Funktion eine Folge von Anweisungen voraussetzt und wenn die Funktion von Vektoren, Matrizen oder anderen Funktionen abhängt, muß man auf die allgemeinere Form der Funktionsunterprogramme zurückgreifen. Auch hier unterscheidet man

- die Deklaration und
- den Aufruf

des Funktionsprogramms.

Die Deklaration des Unterprogramms geschieht - anders als bei der Formelfunktion - außerhalb des (Haupt-) Programms, das nach unserer bisherigen Erfahrung durch alle Anweisungen zwischen

- der ersten Deklaration und
- der Anweisung END

gebildet wird. Unmittelbar nach der END-Anweisung des Hauptprogramms kann das

---

[+)] Je nach Aufgabenstellung darf der Aufruf der Formelfunktion auch in einem (arithmetischen) Ausdruck erfolgen: z.B. ist
        Y = FKT(X)+3
ein formal zulässiger Aufruf.

Funktionsunterprogramm in der folgenden allgemeinen Form deklariert werden:[+)]

        typ FUNCTION name(LfP)

            Deklaration der in LfP angeführten formalen Parameter und aller im
            Unterprogramm benutzten Variablen

            Folge von Anweisungen zur Berechnung
            des Funktionswertes "name"

        name = ...
        RETURN
        END

Das Schlüsselwort FUNCTION gibt an, daß es sich um ein Funktionsunterprogramm
handelt. Das Unterprogramm soll den Namen erhalten, der auf das Schlüsselwort
FUNCTION folgt (oben angedeutet durch: "name"). Der Typ des zu berechnenden
Funktionswertes wird festgelegt durch eines der Schlüsselwörter CHARACTER,
DOUBLE PRECISION, INTEGER, LOGICAL oder REAL, das dann an die Stelle der
Angabe "typ" vor das Schlüsselwort FUNCTION zu setzen ist. Damit der berechnete
Funktionswert auf einem Speicherplatz übergeben werden kann, muß der Name
des Unterprogramms in einer entsprechenden Deklarationsanweisung des aufrufenden
Programmteils (Hauptprogramm oder anderes Unterprogramm) aufgeführt werden.

Unter formalen Parametern sind jetzt neben den (einfachen) Variablen auch
Vektoren, Matrizen und andere Unterprogramme zu verstehen. Die formalen
Parameter stellen Platzhalter für die beim Funktionsaufruf angegebenen
aktuellen Parameter dar. Deshalb ist es verständlich, daß die jeweils korrespondierenden formalen und aktuellen Parameter denselben Typ besitzen müssen.

Durch die Angabe

        name = ...

soll in der obigen allgemeinen Form angedeutet werden, daß dem Namen des
Funktionsunterprogramms der berechnete Funktionswert zugewiesen werden muß.
Auf dem zu diesem Namen gehörenden Speicherplatz steht dann der mit den
aktuellen Parametern berechnete Funktionswert.

Durch die Anweisung

        RETURN

erfolgt nach dem Aufruf des Unterprogramms und nach Berechnung des
Funktionswertes "die Rückkehr" in den aufrufenden Programmteil.

[+)]Die Anweisungen im Funktionsprogramm brauchen sich nicht auf die Berechnung
des Funktionswertes zu beschränken: Es sind beliebige Seiteneffekte erlaubt.
Ausnutzen sollte man diese Möglichkeiten im Sinne einer klaren Programmierung
nicht (vgl. Seite 69).

Die RETURN-Anweisung braucht übrigens nicht, wie angedeutet, unmittelbar
der END-Anweisung vorauszugehen. Dies kann zum Beispiel dann sinnvoll sein,
wenn die Rückverzweigung in den aufrufenden Programmteil von einer
Bedingung 1a abhängen soll. Dann kann man programmieren:[+)]

        IF (1a) RETURN

Die Anweisung
        END
gibt an, daß mit ihr die Deklaration des Unterprogramms beendet ist.
(Sie darf als ausführbare Anweisung mit einer Marke versehen sein und
angesprungen werden. Im Unterprogramm wirkt sie dann wie eine RETURN-Anweisung.
Man sollte diese Möglichkeit jedoch nicht ausnutzen).

Der Aufruf des Funktionsunterprogramms kann in dem Hauptprogramm oder in
einem anderen Unterprogramm erfolgen. Dies kann in einer Zuweisungsanweisung,
in einem Ausdruck mit entsprechendem Typ oder in einer Ausgabeanweisung
in der Ausgabeliste (an Stelle einer Variablen) erfolgen. Gemeinsam ist
allen Aufrufen die Angabe

        - des Namens des Funktionsunterprogramms und
        - der aktuellen Parameter.

Zum Umgang mit Funktionsunterprogrammen wollen wir von dem Beispiel 7.1
(Seite 58) die Berechnung des Tschebyscheff-Polynoms etwas abändern.

Beispiel 8.2

        Es soll das Tschebyscheff-Polynom 5. Grades

$$y = 16 \cdot x^5 - 2o \cdot x^3 + 5x$$

        in Form eines Funktionsunterprogramms berechnet werden.
        Das Intervall (-1,1) soll mit einer Schrittweite von 0,1 abgedeckt werden.

Wir wollen zunächst die Programmlösung angeben und sie anschließend erläutern.

```
        REAL X,Y,A(0:5)
        INTEGER J                         ⎤
        DATA (A(J), J = 0,5,1)/0, 5, 0, -20, 0,16/
        DO 1 X= -1, 1.05, 0.1              │  Hauptprogramm
        WRITE (6,100) X,Y(X,A,5)
    100 FORMAT(1X,F6.2,F8.3)
      1 CONTINUE
        STOP
        END                               ⎦
```

[+)] Stattdessen kann man natürlich auch einen Sprung zur RETURN-Anweisung angeben:
```
        IF (1a) GO TO n
        ...
      n RETURN
        END
```

```
      REAL FUNCTION Y(X1,A1,N1)
      REAL X1,A1(O:N1),S
      INTEGER N1,J
      S = 0
      DO 1 J = N1, 0, -1
      S = S*X1+A1(J)
    1 CONTINUE
      Y = S
      RETURN
      END
```

Funktionsunterprogramm Y

Wir wollen zunächst das Funktionsunterprogramm betrachten. Die Funktion Y
hängt ab von den einfachen Variablen X1 und N1 sowie von dem Vektor A1.
Dem Unterprogramm muß in irgendeiner Weise mitgeteilt werden, daß es sich
bei dem Parameter A1 um einen Vektor handeln soll. Da sich andererseits
die Indexgrenzen mit einem anderen aktuellen Parameter ändern können, ist
es nicht sinnvoll, im Unterprogramm die Grenzen für den Index fest vorzugeben.
Man kann deshalb bei der Parameterübergabe neben dem Namen des Vektors auch
die (veränderlichen) Grenzen des Vektors mitteilen. So wurde im Unterprogramm
des obigen Beispiels 8.2 angegeben:[+)]

```
      REAL A1 (O:N1)
```

Auf die Hilfsvariable S im Unterprogramm Y kann man verzichten, wenn man
auch zur Speicherung der Zwischenergebnisse den Speicherplatz für die
Funktion Y verwendet. So hätte man z.B. programmieren können.[++)]

```
      ....
      Y = 0
      DO 1 J = N1, 0, -1
      Y = Y * X + A1(J)
    1 CONTINUE
      RETURN
      END
```

Der Aufruf des Unterprogramms Y geschieht im Hauptprogramm in der
WRITE-Anweisung[+++)] durch die Angabe Y(X,A,5).

[+)] 1) Nur im Unterprogramm und nur für Felder als formale Parameter darf man
variable Indexgrenzen angeben.
2) Wegen einer genaueren Beschreibung der Übergabe von Vektoren und Matrizen
siehe Seite 71.

[++)] Dies hat zur Konsequenz, daß ein Unterprogramm sich nicht selbst aufrufen
kann. Sogenannte rekursive Unterprogramme sind in Fortran nicht möglich.

[+++)] In FORTRAN IV ist es nicht erlaubt, in der Ausgabeliste Ausdrücke anzugeben
(obwohl einige Compiler dies zulassen). Damit ist ein Funktionsaufruf in der
Ausgabeliste nicht erlaubt und man muß eine Hilfsvariable h vorsehen, der
man vorher durch eine Zuweisung in der Form
```
      h = Y(X,A,5)
```
den Funktionswert übergibt.

In der Reihenfolge ihres Auftretens werden die aktuellen Parameter X, A und 5
den formalen Parametern X1, A1 und N1 der Deklaration des Unterprogramms Y
zugeordnet. Sie ersetzen im Unterprogramm die formalen Parameter, die
lediglich zur Beschreibung des Unterprogramms erforderlich waren. Wichtig ist,
daß die korrespondierenden Parameter in ihrem Typ übereinstimmen. So wäre
z.B. ein Aufruf

        Y(-1,A,5)

fehlerhaft, da die INTEGER-Konstante -1 mit dem formalen Parameter X1 des
Typs REAL korrespondiert. Der korrekte Aufruf müßte lauten:

        Y(-1.,A,5)

Wir können uns ein Funktionsunterprogramm als einen "schwarzen Kasten"
vorstellen. Das, was in dem schwarzen Kasten im einzelnen passiert, interessiert
die "Außenwelt" nicht. Wir haben nur die Möglichkeit, - über die Parameter -
gewisse Informationen in den Kasten einzugeben und erhalten anschließend -
über den Namen des Funktionsunterprogramms - einen bestimmten Wert zurück.
Welche Variablen zusätzlich benötigt werden, ist außerhalb ohne Interesse.
Damit darf man Variablen, Vektoren und Matrizen, die im Unterprogramm als
Hilfsgrößen zur Berechnung des Funktionswertes benötigt werden, mit Namen
versehen, wie sie außerhalb im Hauptprogramm oder in anderen Unterprogrammen
festgelegt sind: Die hier wie dort benutzten Namen haben nichts miteinander
zu tun, da sie jeweils als "lokale Größen" angesehen werden. Das Gleiche gilt
für die Namen der formalen Parameter: Auch sie dürfen mit Namen in anderen
Programmteilen übereinstimmen.

Es muß nun noch angegeben werden, wie man eine Funktion als Argument eines
anderen Unterprogramms verwenden kann. Es reicht nicht aus, bei dem Aufruf
des Unterprogramms den Namen der Funktion als aktuellen Parameter anzugeben.
In diesem Fall würde der Funktionsname als einfache Variable interpretiert,
und dieses bedeutet natürlich einen Fehler. In dem Programmabschnitt, in dem
das Unterprogramm aufgerufen wird, muß angegeben werden, daß der Name der
Funktion "außerhalb" des aufrufenden Programmabschnitts als ein weiteres
Unterprogramm definiert ist. Dies geschieht durch das Schlüsselwort

        EXTERNAL

und das anschließende Aufzählen aller Namen von selbstgeschriebenen Unter-
programmen, die als aktuelle Parameter in einem Programmaufruf benutzt werden.[+]
Unabhängig hiervon muß der Name eines Funktionsunterprogramms in einem
Deklarations-Statement aufgeführt werden.

[+] Man beachte, daß die Formelfunktionen ("statement function") und die vorgegebenen Unterprogramme (siehe Anhang C, Seite 127ff) hiervon ausgeschlossen
sind. Erlaubt sind zusätzlich die im nächsten Abschnitt zu erläuternden
Subroutinen.

Als erläuterndes Beispiel wollen wir die Anweisungen andeuten, die erforderlich sind, um den Integralwert einer Funktion näherungsweise zu berechnen.

Beispiel 8.3

Im Intervall (0,1) soll das Integral für die Funktion

$$f(x) = x^2 - x + 1$$

näherungsweise nach der Trapezregel berechnet werden.

```
REAL A,B,INT,F,W
EXTERNAL F
...
W = INT(A,B,F)                          Hauptprogramm
...
STOP
END
```

```
REAL FUNCTION F(X)
REAL X
F = X**2 - X + 1.0                      Unterprogramm F
RETURN
END
```

```
REAL FUNCTION INT(X1,X2,FKT)
REAL X1,X2,FKT
INT = (FKT(X1)+FKT(X2))*(X2-X1)/2.0     Unterprogramm INT
RETURN
END
```

Aufgabe 8.1

Bitte bestimmen Sie das Integral des Tschebyscheff-Polynoms 5. Grades

$$y = 16\ x^5 - 20\ x^3 + 5\ x$$

im Intervall (-1,1) bis auf einen Fehler von 10^{-6}. (Reicht zu der geforderten Genauigkeit der Typ REAL für die benutzten Variablen und Funktionen?).

Anleitung:

Für die Trapezregel gilt

$$\int_a^b f(x)\ dx = \frac{b-a}{2}\ (f(a)+f(b))+R \quad \text{mit } |R| \leqslant \frac{(b-a)^3}{12}\ \max_{x\in[a,b]}\ |f''(x)|$$

wobei man die Abschätzung für jedes Teilintervall vornehmen muß.

In Fortran sind für eine größere Anzahl von mathematischen Funktionen Unterprogramme vorgegeben.[+] Sie gelten als INTRINSIC-Funktionen, die im wesent-
lichen so aufgerufen werden können, als ob sie als Funktionsunterprogramme
deklariert worden wären. Nun gibt es eine Reihe von Funktionen, die sich
nur in dem Typ ihres Arguments und daraus resultierend im Typ ihres Funktionswertes unterscheiden, wie beispielsweise für den Absolutbetrag: ABS, DABS und
IABS[+]. Für solche Gruppen von Funktionen ist dann ein gemeinsamer Name vorgegeben, der in Abhängigkeit des Typs des aktuellen Parameters den Typ des
Funktionswertes festlegt. Diese Funktion wird "generische" Funktion genannt.

Eine generische Funktion verliert ihre Eigenschaft, wenn sie als aktueller
Parameter beim Aufruf eines Unterprogramms auftritt. Darüberhinaus muß eine
vorgegebene Funktion als aktueller Parameter in einer INTRINSIC-Anweisung an
Stelle der EXTERNAL-Anweisung aufgeführt werden. Da es hierbei einige Ausnahmen
gibt, empfiehlt sich generell folgendes Vorgehen (sofern nicht auf extrem
effektives Programmieren geachtet werden muß):

Die vorgegebene Funktion (INTRINSIC oder GENERIC) wird in ein Funktionsunterprogramm mit neuem Namen eingebettet und dieses neue Funktionsunterprogramm tritt wie beschrieben als aktueller Parameter auf.

<u>Beispiel:</u> (Vgl. Beispiel 8.3)

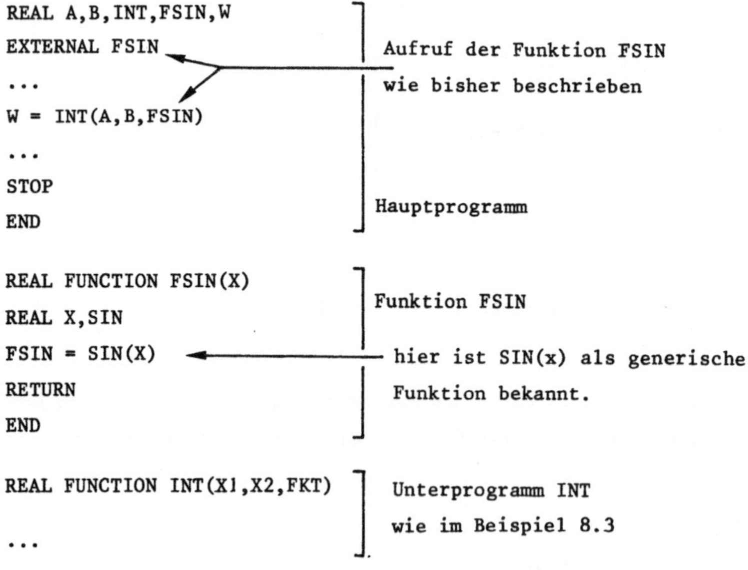

[+] Siehe Anhang C, Seite 127.

9 Unterprogrammtechnik: Subroutinen; Vektoren und Matrizen als Parameter

Die Formelfunktionen, die Funktionsunterprogramme und die vorgegebenen
Funktionen, deren Handhabung im vorausgehenden Abschnitt bzw. im Anhang C
dargestellt ist, dienen dazu, aus den gegebenen Argumentwerten genau einen
Funktionswert zu berechnen. Die Argumente werden als aktuelle Parameter
an das Unterprogramm übergeben.[+] Anschließend wird an den aufrufenden
Programmteil der berechnete Funktionswert auf einem Speicherplatz zurückge-
geben, der den Namen des Funktionsunterprogramms trägt.

In einem Funktionsunterprogramm sind zwar Anweisungen erlaubt, die bei der
Berechnung des Funktionswertes beliebige Nebenwirkungen hervorrufen
(siehe Fußnote Seite 63) - wie z.B. Ein- und Ausgabeanweisungen, Veränderung
von Parameterwerten usw. Im Interesse einer klaren, wartungsfreundlichen
Programmierung sollte man hiervon Abstand nehmen. Man sollte sich bei der
Benutzung von Funktionsunterprogrammen darauf beschränken,

- über die Parameterliste diejenigen Werte an das Unterprogramm zu
  übergeben, von denen der Funktionswert abhängt und

- auf dem Speicherplatz des Funktionsnamens den ermittelten Wert an
  den aufrufenden Programmteil zu übergeben.

Nun gibt es eine Reihe von Aufgaben, bei denen man

- gleichzeitig mehrere Werte bestimmen oder
- eine Folge von Anweisungen in einem Unterprogramm zusammenfassen will.

Für diese Problemstellungen gibt es eine andere Art von Unterprogrammen, die
sogenannten Subroutinen. Für sie kann man den folgenden allgemeinen Aufbau
angeben (der auch den Fall der Bestimmung mehrerer Werte umfaßt):

```
SUBROUTINE name(LfP)
     │  Deklaration der LfP und aller Variablen,
     │  die in der Subroutine benutzt werden

     │  Folge von Anweisungen, die die
     │  Subroutine umfassen soll

RETURN
END
```

Das Schlüsselwort

    SUBROUTINE

gibt an, daß alle nachfolgenden Anweisungen bis zu den beiden Statements

---

[+] Eine weitere Möglichkeit werden wir in Abschnitt lo, Seite 77, im Zusammenhang mit COMMON darstellen.

RETURN und END ein Programmteil mit dem Namen bilden, der unmittelbar auf das Schlüsselwort SUBROUTINE folgt, oben angedeutet durch "name". Die Abkürzung LfP steht hier wieder für die Liste der formalen Parameter.

Der Informationsfluß über die Parameterliste braucht nicht nur in die Subroutine hineinzugehen. Da man in einem Unterprogramm den formalen Parametern Werte zuweisen darf, kann bei einem Programmaufruf die Information auch in umgekehrter Richtung fließen. Hier kann man für den Informationsaustausch ein- und denselben Parameter verwenden; aus Gründen der Übersichtlichkeit sollte man aber nach Möglichkeit die "Eingabe" an das Unterprogramm und die "Ausgabe" von dem Unterprogramm über getrennte Parameter vollziehen.

Im Gegensatz zu den Funktionsunterprogrammen darf der Name einer Subroutine in dem aufrufenden Programm nicht deklariert werden. Es wird ja kein Funktionswert an einen Speicherplatz mit dem Namen des Unterprogramms übergeben; der Name der Subroutine steht für eine Folge von Anweisungen, die bei dem Aufruf des Unterprogramms mit den aktuellen Parametern ausgeführt werden sollen. Damit ist auch verbunden, daß eine Subroutine auf andere Weise aufgerufen werden muß als ein Funktionsunterprogramm: Der Aufruf wird in einer gesonderten Anweisung mit der allgemeinen Form ("CALL-Statement") veranlaßt:

    CALL name(LaP)

Dabei steht LaP wieder für die Liste der aktuellen Parameter. Mit diesen aktuellen Parametern werden die Anweisungen der Subroutine name durchlaufen.

Aufgabe 9.1

    Es soll die Nullstelle der Funktion

        $f(x) = \sin(x) - 0.2$

    im Intervall $(0,\frac{\pi}{2})$ durch das Halbschrittverfahren bestimmt werden.

Hinweis:[+)]

    Bei dem Halbschrittverfahren wird die Funktion $f(x)$ in der Mitte des Intervalls berechnet. Anschließend wird das Intervallende, für das die Funktion dasselbe Vorzeichen wie in der Mitte besitzt, durch den Intervallmittelpunkt ersetzt. Durch fortgesetzte Halbierung zieht sich das Intervall auf die gesuchte Nullstelle zusammen, falls nicht eine Intervallgrenze bereits eine Nullstelle darstellt. - In der Programmlösung zu der obigen Aufgabe kann sich die Parameterübergabe so vollziehen, wie es im Abschnitt 8 (Seite 67) für Variable und Funktionen beschrieben wurde.

[+)] In der Lösung B zu Aufgabe 9.1 werden die Fortran 77-Anweisungen IF 1a THEN, ELSE, ELSE IF (1a) THEN und END IF erläutert, vgl. Seite 113.

Bei der Übergabe von Vektoren und Matrizen an ein Unterprogramm gibt es eine
große Zahl von Fehlermöglichkeiten, die nur sehr schwer erkennbar sind und
auf diese Weise leicht zu falschen Ergebnissen führen können.

Eine erste Fehlerquelle ergibt sich aus der Tatsache, daß für eine zwei-
oder auch mehr-dimensionale Matrix intern nur ein Vektor abgespeichert und
verwaltet wird. Damit kann an das Unterprogramm nur ein Vektor übergeben
werden und zwar unabhängig davon, wieviele Indizes und in welcher Größe im
rufenden Programmteil für die Matrix vorgesehen und wieviele im Unterprogramm
angegeben sind:

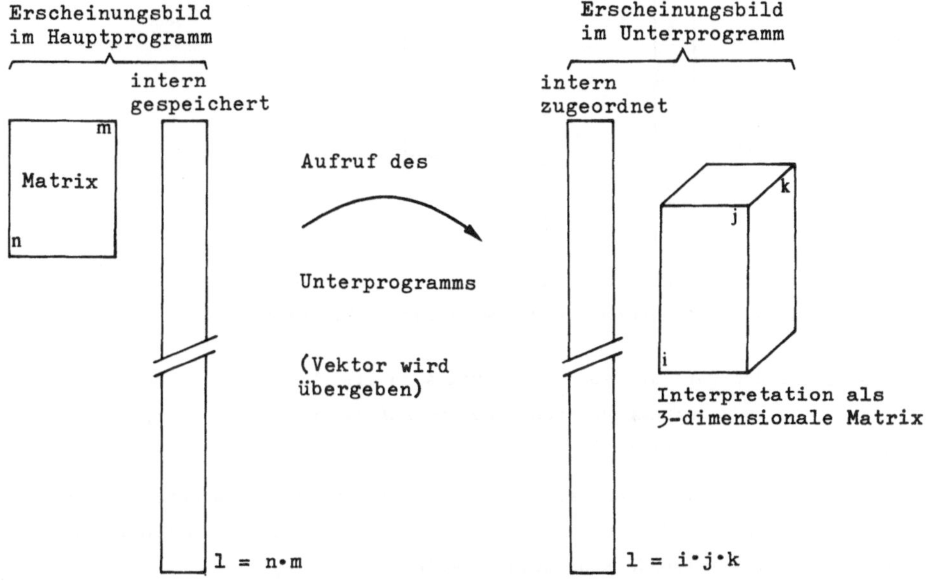

Der - mehr formalen - Freiheit, im Unterprogramm eine gänzlich andere Matrixform
als im Hauptprogramm voraussetzen zu dürfen, steht die Schwierigkeit entgegen,
die entsprechenden Vektorplätze - und dies durch die zugehörigen Matrixelemente -
mit den vorgesehenen Werten zu besetzen. Da man in der Praxis nie in die Ver-
legenheit kommt, die Zahl der Dimensionen von Matrizen bei Deklaration und
Aufruf eines Unterprogramms unterschiedlich zu wählen, sollte man auf die beschriebene Möglichkeit bewußt verzichten.

Darüberhinaus wird bei der Abspeicherung der Matrix in Vektorform die sogenannte
lineare Indexfortschaltung (vgl. Seite 26) angewandt, bei der ganz wesentlich
die Anzahl der Zeilen einer Matrix eingeht, da die Matrix spaltenweise gespeichert
wird. Wenn man nun die Zeilenzahl im Haupt- und im Unterprogramm unterschiedlich
angibt, rücken die Werte der Matrix an falsche Plätze, wie das folgende
Beispiel 9.1 zeigt.

Beispiel 9.1

```
      INTEGER A(3,4) ]                              [ SUBROUTINE UP(B)
         . . .                                      [ INTEGER B(2,4)
      CALL UP(A)      ] Haupt-              Unter-      . . .
         . . .        ] programm           programm [
```

Bei dem Aufruf des Unterprogramms UP wird die Matrix A in folgender Weise übergeben:

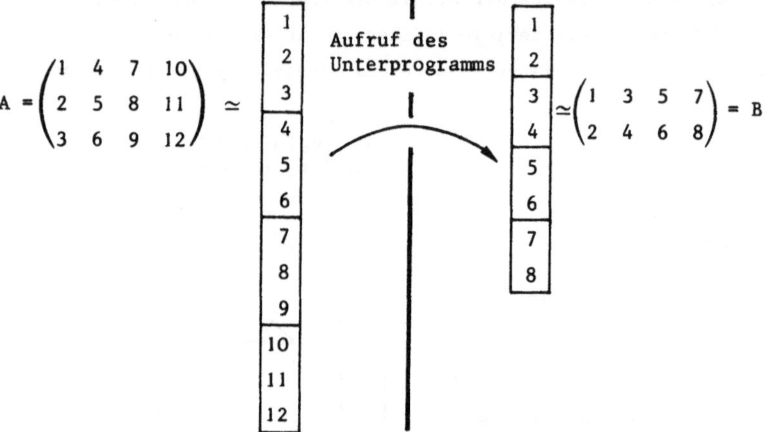

Bei der Ausführung des Unterprogramms wird dann z.B. durch

    B(1,3)

nicht etwa auf den Wert des von der Matrix A an gleichem Platz stehenden
Elements A(1,3) = 7 zurückgegriffen, sondern auf den Wert im Vektor, der dem
Element B(1,3) entspricht (=5).

Da man andererseits die Indexgrenzen von einem Aufruf des Unterprogramms zum
nächsten für unterschiedliche Matrizen als Parameter variabel halten möchte,
sollte man hieraus folgende Konsequenz ziehen:

> Bei jedem Aufruf eines Unterprogramms werden neben dem Namen einer
> Matrix auch die zugehörigen Indexgrenzen als Parameter übergeben.

Dabei muß man darauf achten, daß die in der Deklaration angegebenen Grenzen
übergeben werden und zwar auch dann, wenn nur ein Teil der Matrix belegt ist.[+)]
So hätte man im Beispiel 9.1 im Unterprogramm vorsehen sollen:

    SUBROUTINE UP(B,N,M)
    INTEGER N,M,B(N,M)

und im Hauptprogramm aufrufen können:

    CALL UP(A,3,4)

dann hätte dem Wert des Elements B(1,3) auch der Wert des Elements A(1,3)
entsprochen usw.

[+)]Falls die unteren Grenzen von 1 verschieden sind, müssen sie im Haupt- und
Unterprogramm gleich gewählt werden, oder ebenfalls als Parameter übergeben
werden (vgl. Vektoren A und A1 in Beispiel 8.2, Seite 64).

Eine weitere Tücke ist durch die Tatsache gegeben, daß bei einem Vektor oder einer
Matrix als Parameter lediglich eine Adresse für den Speicherbereich übergeben wird.
So kann man im Unterprogrammaufruf des Beispiels 9.1 statt der Anweisung

    CALL UP(A)

auch schreiben

    CALL UP(A(1,1))

womit dieselbe Startadresse gemeint wäre. Erlaubt wäre aber auch ein Aufruf mit

    CALL UP(A(3,1))

womit jetzt folgende Zuordnung gegeben wäre.

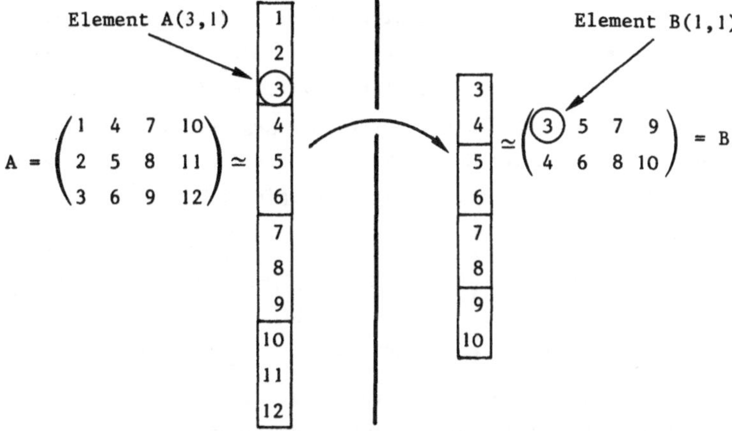

Um dieser Fehlerquelle aus dem Weg zu gehen, wollen wir bei einem Unterprogrammaufruf mit einem Vektor oder einer Matrix als Argument stets den Namen als aktuellen
Parameter angeben und eine Vektorkomponente oder ein Matrixelement nur dann verwenden, wenn der zugehörige formale Parameter eine (einfache) Variable war.

Aufgabe 9.2

    Bitte schreiben Sie ein Unterprogramm, das ein Gleichungssystem nach dem
    Verfahren von Gauß auflöst (vgl. Aufgabe 4.1, Seite 30).
    Das gegebene Gleichungssystem soll durch das Unterprogramm nicht verändert
    werden.

Für manche Probleme mag es zweckmäßig sein, einen berechneten Wert von einem Aufruf
des Unterprogramms (Funktionsunterprogramm oder Subroutine) zum nächsten hinüber-
zuretten. Dies kann man natürlich über einen entsprechenden Parameter[+] tun und
ist dann bei den einzelnen Unterprogrammaufrufen sehr flexibel - oder durch
die in Fortran 77 mögliche Anweisung SAVE. Sie muß im Unterprogramm angegeben

---

[+] Das Gleiche gilt für den im nächsten Abschnitt zu beschreibenden COMMON-Bereich.

werden und hat die allgemeine Form:

  SAVE liste

wobei liste für die Namen von Variablen und von Feldern steht, die voneinander
durch Kommata getrennt sein müssen. Ist die Liste leer, d.h. wird lediglich

  SAVE

angegeben, so werden alle Felder und Variablen, bei denen es möglich ist,[+) von
einem Unterprogrammaufruf zum nächsten gerettet.

Bei den meisten Fortran-Compilern werden die lokalen Variablen, Vektoren und
Matrizen in einem dem jeweiligen Unterprogramm fest zugeordneten Bereich angelegt und dort zwischen zwei Unterprogrammaufrufen nicht verändert.[++) Damit
werden sie so behandelt, als ob in jedem Unterprogramm die Anweisung SAVE gegeben
wäre. Auf Grund der letzten Bemerkung darf man einer Variablen in einem Unterprogramm nicht durch eine DATA-Anweisung einen Anfangswert zuweisen, da dieser
Anfangswert nur für den ersten Aufruf des Unterprogramms gegeben ist, falls im
weiteren Programmablauf Wertzuweisungen an die Variable erfolgen. So ist es ein
Unterschied, wenn man im Unterprogramm angibt (vgl. Beispiel 8.2, Seite 64):

S = 0	Anfangswert 0.		DATA S/0./	Anfangswert 0.
DO 1 J=N1,0,-1	bei jedem		DO 1 J=N1,0,-1	nur beim ersten
S = S*X+A(J)	Aufruf		S = S*X+A(J)	Aufruf
1 CONTINUE	gewährleistet		1 CONTINUE	gewährleistet

Nach dem Aufruf einer Subroutine und nach Ausführung des Unterprogramms wird
das Programm an der Stelle fortgesetzt, die dem Aufruf der Subroutine unmittelbar
folgt. Nun kann es sein, daß man in Abhängigkeit von den Werten, die in der
Subroutine berechnet wurden, im aufrufenden Programmteil unterschiedliche Zweige
durchlaufen will. Man kann im aufrufenden Programmteil eine Folge von IF-
Anweisungen mit entsprechenden Sprüngen zu den unterschiedlichen Zweigen vorsehen.[+++)
Man kann aber auch die Sprungadresse in den Aufruf der Subroutine einbeziehen
und von der Subroutine aus den jeweiligen Zweig unmittelbar anspringen. Hierzu
dient eine andere Form der RETURN-Anweisung innerhalb des Unterprogramms in
Verbindung mit Angaben in dem Subroutine-Aufruf. Man hat dabei auf folgendes
Zusammenspiel zu achten:

  1) Deklaration der Subroutine:

   In der Anweisung

    SUBROUTINE name(LfP)

   wird die Liste der formalen Parameter (vgl. Seite 69) um - jeweils durch

---

[+)Ausgeschlossen sind: Name von formalen Parametern, von Unterprogrammen und
von Größen aus COMMON-Bereichen.

[++)Im Sprachstandard von Fortran ist das nicht gefordert, so daß man sich hierauf
nicht verlassen kann.

[+++)Diese Vorgehensweise ist als der übersichtlichere Weg zu empfehlen.

Kommata getrennt - ein oder mehrere Sterne (*) erweitert. An Stelle eines jeden Sterns kann beim späteren Subroutine-Aufruf eine Sprungadresse angegeben werden.

2) Innerhalb der Subroutine können mehrere Anweisungen der Form

  RETURN n

angegeben werden. Dabei muß der Wert von n eine positive ganze Zahl sein, die kleiner oder gleich der Anzahl der in der SUBROUTINE-Anweisung angeführten Sterne ist.

3) Bei dem Aufruf des Unterprogramms in der Form

  CALL name(LaP)

sind jetzt in der Liste der aktuellen Parameter (LaP) an den Stellen Sprungadressen in der Form

  *m

anzugeben, an denen bei der Deklaration in der Liste der formalen Parameter ein Stern angegeben war. Wird im Unterprogramm die Anweisung

  RETURN n

ausgeführt, wird zu der Sprungadresse verzweigt, die in der Liste der aktuellen Parameter als n-te Adresse angegeben ist.

Zur Verdeutlichung wollen wir ein Beispiel angeben:

Beispiel 9.2

aufrufender Programmteil	Unterprogramm
6 READ(...)...	SUBROUTINE UP(A,B,*,*,*)
CALL UP(X,Y,*6,*999,*40)	...
Z = 500	RETURN 1
...	...
40 WRITE(...)	K = 2
...	RETURN K
999 STOP	...
...	RETURN 3
	...
	RETURN
	END

Nach dem Aufruf des Unterprogramms CALL UP(...) wird

 - die READ-Anweisung mit der Statement-Nummer 6 ausgeführt, wenn die Anweisung RETURN 1 im Unterprogramm UP durchlaufen wurde,

 - die Anweisung STOP mit der Statement-Nummer 999, wenn in der Anweisung RETURN K die Variable K den Wert 2 besaß,

 - die WRITE-Anweisung mit der Nummer 40, wenn die Anweisung RETURN 3 durchlaufen wurde,

- die Anweisung Z = 500, falls entweder die Anweisung RETURN im Unterprogramm erreicht wurde oder bei einer der Anweisungen RETURN k der
  Wert von k unterhalb von 1 oder oberhalb von 3 lag, also keine entsprechende Sprungadresse gegeben war (ohne Fehlermeldung).

Wir halten es nicht für einen guten Programmierstil, die Programmsteuerung im
Hauptprogramm in der oben beschriebenen Weise vom Unterprogramm aus vorzunehmen.
Der Programmablauf bleibt transparenter, wenn man eine Variable als Indikator
verwendet, d.h. ihr im Unterprogramm je nach gewünschtem Ausgang einen Wert
zuweist und im aufrufenden Programmteil die Programmverzweigung in Abhängigkeit
von dem übergebenen Wert vornimmt. Hierzu bietet sich die Anweisung
"computed GOTO" an, die die allgemeine Form hat:

    GOTO (lan) k
dabei steht

    lan für eine Liste von Anweisungsnummern und

    k   für einen arithmetischen Ausdruck, der einen ganzzahligen Wert
        besitzen muß.

Besteht die Liste lan aus n Statementnummern, z.B.

$$m_1, m_2, \ldots, m_n$$

die untereinander auch gleich sein dürfen, so verzweigt das Programm zu der
Anweisung mit der Nummer m_j, wenn k den Wert j besitzt.
Gilt für den Wert von k: k < 1 oder k > n, so wird das computed -GOTO-
Statement überlesen, d.h. es hat dieselbe Wirkung wie eine CONTINUE-Anweisung
und das Programm wird mit der nachfolgenden Anweisung fortgesetzt.

In dem Beispiel 9.2 hätten wir statt der Anweisungen RETURN n entsprechende
Wertzuweisungen an eine Variable vornehmen können. Das Beispiel sähe dann
folgendermaßen aus:

aufrufender Programmteil	Unterprogramm
	SUBROUTINE UP(A,B,N)
...	N = 0
	...
6 READ (...)...	
...	N = 1
CALL UP(X,Y,K)	RETURN
GOTO (6,999,40) K	...
Z = 500	N = 2
	RETURN
...	...
40 WRITE (...)	
...	N = 3
999 STOP	RETURN
...	...
	N = 0
	RETURN
	END

10 Parameterübergabe durch den COMMON-Bereich

In den beiden vorausgehenden Abschnitten 8 und 9 haben wir beschrieben, wie der
Informationsaustausch zwischen einem aufrufenden Programmteil und dem aufgerufenen
Unterprogramm vor sich geht. Neben diesen Möglichkeiten kann man einen Speicherbereich definieren, auf den man vom Hauptprogramm und von jedem Unterprogramm aus
gleichermaßen zugreifen kann. Dieser gemeinsam zu nutzende Speicherbereich
ist der sogenannte COMMON-Bereich.

Bevor wir angeben, wie er definiert wird und wie man auf ihn zugreifen kann,
wollen wir überlegen, welche Information zur Reservierung dieses Bereiches erforderlich ist. Drei Fragen sind hierbei zu berücksichtigen:

1) Wo beginnt der gemeinsame Speicherbereich? Oder anders formuliert:
   Wie heißt der erste Speicherplatz des COMMON-Bereiches?

2) Wie groß soll der COMMON-Bereich sein?

3) Welche Struktur soll der COMMON-Bereich besitzen?

Diese Informationen werden der Rechenanlage in einer einzigen Anweisung, dem soge-
nannten COMMON-Statement mitgeteilt, wobei gewisse Informationen aus den
Deklarationsangaben entnommen werden. Hierzu ein Beispiel, das zunächst nur das
Hauptprogramm berücksichtigt.

Beispiel 10.1

```
DOUBLE PRECISION A,B,C,D(3,2)
INTEGER N,M,I,K
COMMON A,D,N,K,I
...
```

Hierdurch wird ein COMMON-Bereich definiert, der mit der Variablen A beginnt.
Er umfaßt die Variable A, die Matrix-Elemente D(1,1), D(2,1),..., D(3,2) und
die Variablen N, K und I in fortlaufender Reihenfolge.

A	D(1,1)	D(2,1)	D(3,1)	D(1,2)	D(2,2)	D(3,2)	N	K	I

Da die Variable A und die Matrix D als DOUBLE PRECISION-Größen deklariert wurden,
also jeweils Doppelworte benötigen, umfaßt der gesamte COMMON-Bereich

$$7 * 2 + 3 = 17$$

Speicherplätze. Die Länge des COMMON-Bereichs ergibt sich demnach aus der Summe
der für die einzelnen Größen: Variable, Vektoren und Matrizen festgelegten
Speicherplätze.[+)] Gleichzeitig ist durch das Aufzählen der einzelnen Größen in
der COMMON-Anweisung die Struktur des Bereichs festgelegt.

[+)]Hiervon kann es Abweichungen geben, wenn man die Reihenfolge für die Abspeicherung für die verschiedenen Variablentypen nicht beachtet (s.u.).

Bei praktisch allen Rechenanlagen muß der für die doppelte Rechengenauigkeit vor-
gesehene Datentyp auf einer sogenannten Doppelwortgrenze beginnen.[+)] Diese
Ausrichtung wird von dem Fortran-Compiler automatisch vorgenommen. Wird diese
Ausrichtung auf eine Doppelwortgrenze mitten im COMMON-Bereich erforderlich,
kann es zu Lücken von jeweils einer Wortlänge kommen. Bei einer abweichenden
COMMON-Struktur in einem Unterprogramm kann es durch diese Lücken zu falschen
Zuordnungen kommen (in jedem Unterprogramm kann man eine andere Struktur des
COMMON-Bereichs vorsehen, s.u.). Man sollte sich deshalb bei Festlegung des
COMMON-Bereichs an folgende Reihenfolge nach Variablen-Typen halten:

    1) Alle Größen mit dem Typ DOUBLE PRECISION (oder COMPLEX)
    2) "   "   " " " INTEGER, LOGICAL oder REAL
    3) "   "   " " " CHARACTER

Die Variablen mit den größten Speicherplätzen sind also an den Anfang des COMMON-
Bereichs zu stellen, die mit kleineren Speicherplätzen an den Schluß.

Sollen in einem Unterprogramm (Funktionsunterprogramm oder Subroutine) entsprechende Größen an dem gemeinsamen Speicherbereich beteiligt sein, so hat man
im Unterprogramm die gleichen Angaben zu machen, wie sie oben beschrieben wurden.
Wieder gibt man durch eine COMMON-Anweisung an, wie der erste Speicherplatz des
COMMON-Bereichs im Unterprogramm heißen soll, wie groß der Bereich sein und
welche Struktur er besitzen soll. So bewirkt die Anweisungsfolge

```
SUBROUTINE UP1(X)
REAL X
DOUBLE PRECISION Y(3),Z(3),X1
INTEGER J,M,L
COMMON X1,Y,Z,J,L,M
...
```

in Ergänzung zu den Anweisungen des Beispiels 10.1 folgende Zuordnung:

Vom Hauptprogramm aus gesehen:	A	D(1,1)	D(2,1)	D(3,1)	D(1,2)	D(2,2)	D(3,2)	N	K	I
COMMON-Bereich:										
vom Unterprogramm UP1 aus gesehen:	X1	Y(1)	Y(2)	Y(3)	Z(1)	Z(2)	Z(3)	J	L	M

Diese Zuordnung hat zur Folge:
Weist man den Variablen A,N,K,I oder den Matrixelementen D(1,1),...,D(3,2) im
Hauptprogramm Werte zu, so hat man die entsprechenden Speicherplätze im COMMON-
Bereich belegt. Ruft man anschließend in einem CALL-Statement die Subroutine UP1
auf, so kann man mit den Namen X1, Y(1),..., Y(3), Z(1),...,Z(3), J,L und M über
die zuvor zugewiesenen Werte des COMMON-Bereichs verfügen.

[+)]Das Gleiche gilt für den Variablentyp COMPLEX, auf den im nächsten Abschnitt
eingegangen werden soll.

Wir haben an das Unterprogramm eine Reihe von Werten übergeben, und das in einer
Weise, die über die Liste von formalen und aktuellen Parametern nicht ohne weiteres
möglich ist: Wir haben aus der Matrix D des Hauptprogramms die Vektoren Y und Z
des Unterprogramms gemacht.

Da man ebenso im Unterprogramm den Variablen des COMMON-Bereichs Werte zuweisen
kann, ist der Informationsaustausch auch in der umgekehrten Richtung möglich. -
Das Gleiche spielt sich übrigens ab, wenn sich mehrere Unterprogramme an dem
COMMON-Bereich beteiligen. Dabei ist in derselben Weise zu verfahren, wie es oben
beschrieben wurde.

Formal ist es erlaubt, nicht nur Matrizen und Vektoren des COMMON-Bereichs im Haupt-
und im Unterprogramm eine andere Struktur zu geben, sondern auch den einzelnen
Speicherplätzen. So kann man z.B. den Speicherplatz der Doppel-Wort-Variablen A
des Hauptprogramms im Unterprogramm als zwei aufeinanderfolgende Variable V1 und V2
(vom Typ INTEGER, REAL oder LOGICAL) oder als eine Folge von 8 aufeinanderfolgenden
Variablen des Typs CHARACTER[+)] auffassen.

Da man bei dieser Technik sehr leicht Fehler macht, die von der Rechenanlage nicht
als Fehler erkannt werden können und da es nur wenige Anwendungsbeispiele gibt,
die eine unterschiedliche Interpretation der Struktur des COMMON-Bereichs im
Haupt- und Unterprogramm erfordern, sollte man zumindest als Anfänger bei der
Definition des COMMON-Bereiches im Haupt- und Unterprogramm stets dieselbe Struktur
(auch der einzelnen Variablen!) und dieselbe Größe des COMMON-Bereichs vorsehen.
Darüber hinaus empfiehlt es sich, die entsprechenden COMMON-Anweisungen in den
einzelnen Unterprogrammen einfach durch Duplizieren der Lochkarten aus dem Hauptprogramm zu übernehmen (einschließlich zugehöriger Deklarationsanweisungen). Nur
so kann man sicher sein, daß man den COMMON-Bereich in den einzelnen Programmteilen identisch strukturiert hat.

Man kann den COMMON-Bereich nicht nur zum Austausch von Information zwischen den
einzelnen Programmabschnitten benutzen, sondern auch dazu, lokale Größen der
einzelnen Unterprogramme sich gegenseitig überlagern zu lassen. Hierdurch kann man
im Arbeitsspeicher Platz sparen.

Beispiel:

Hauptprogramm:	A D(1,1)... D(3,2) N K I	Dummy-Bereich, 200 Plätze
COMMON-Bereich:		
UP1:	X1 Y(1) ... Z(3) J L M	H(1) . . . H(200)
UP2:	X2 U(1) ... U(6) K1 K2 K3	Z(1,1) . . . Z(10,20)
	Bereich zum Austausch von Information	Bereich zur Überlagerung von Hilfsgrößen

---

[+)] Dies hängt natürlich von der benutzten Wortlänge und der internen Zeichendarstellung ab.

Im Fortran-Programm ist natürlich nicht unmittelbar erkennbar, ob ein Teil des COMMON-Bereichs zum Austausch von Information zwischen Haupt- und Unterprogrammen oder zwischen einzelnen Unterprogrammen dienen soll, und ein anderer Teil des COMMON-Bereichs lediglich zum Platzsparen ("Overlay") in den einzelnen Unterprogrammen. Hier sollte man auf jeden Fall deutliche Hinweise in Kommentarkarten vorsehen.

Wir haben die Möglichkeit, einem COMMON-Bereich einen Namen zu geben. Der Name des Bereichs wird im COMMON-Statement zwischen Schrägstrichen (Divisionszeichen) angegeben und faßt alle Speicherplätze zu einem COMMON-Block zusammen, die anschließend angegeben sind. So wird durch

        COMMON /B1/ A,B,C

ein COMMON-Block mit dem Namen B1 definiert, der aus den Variablen A, B und C besteht. Will man mehrere Speicherbereiche definieren und ihnen Namen geben, so gibt man den Namen eines nachfolgenden Blockes nach dem letzten Speicherplatz des vorausgegangenen Blockes zwischen zwei Schrägstrichen an. Soll neben den benannten COMMON-Blöcken ("labelled COMMON") auch der unbenannte COMMON-Bereich ("unlabelled COMMON") benutzt werden, muß der unbenannte Bereich als erster angegeben werden.

So werden durch die Anweisungen:

        COMMON X,Y,Z,Z1/B1/A,B,C/B2/C1,C2

drei verschiedene COMMON-Bereiche geschaffen, und zwar

        - unbenannter COMMON-Bereich mit den Größen X,Y,Z,Z1
        - der COMMON-Block mit Namen B1 und den Größen A,B,C und
        -    "   "   "   "   "   B2 und den Größen C1 und C2.

Während der unbenannte COMMON-Bereich mit dem Hauptprogramm zusammen angelegt wird, kann man die benannten COMMON-Bereiche zum Informationsaustausch zwischen einzelnen Unterprogrammen verwenden, ohne im Hauptprogramm dafür einen Bereich reservieren zu müssen. Dies kann dann von Vorteil sein, wenn man für ein umfangreiches Programmsystem die "Overlay-Technik" (mit Überlagerung von einzelnen Unterprogrammen) anwenden muß.

Wenn man Variable in einem COMMON-Bereich zusammenfaßt, so kann man für diese Variable keine Initialisierung (durch eine DATA-Anweisung, vgl. Seite 57) durchführen. Einen Grund für diese Einschränkung kann man darin sehen, daß man sonst durch unterschiedliche Initialisierung in einzelnen Unterprogrammen zu widersprüchlichen Anfangsbedingungen kommen könnte. Lediglich für benannte COMMON-Bereiche ist eine Initialisierung mit dem Block-DATA-Unterprogramm möglich. Es ist aufgebaut wie die Deklaration eines Unterprogramms (daher auch die Bezeichnung) und ist auch an entsprechender Stelle anzugeben, also außerhalb anderer Programmteile.

Da die Initialisierung der Variablenwerte während der Übersetzungszeit des gesamten
Programms vorgenommen wird, ist ein "Aufruf" des BLOCK-DATA-Unterprogramms nicht
vorgesehen, dem entsprechend kann der Name entfallen. Ist er trotzdem angegeben,
hat er nur eine Aufgabe für die Dokumentation des Programms. Damit hat das
BLOCK-DATA-Unterprogramm folgende allgemeine Form:

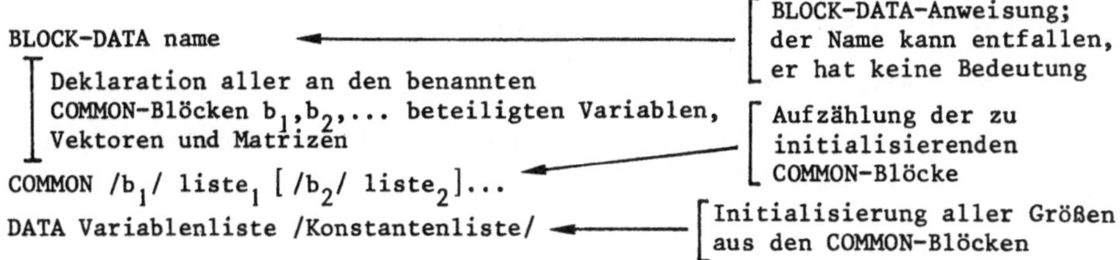

Wichtig ist, daß bei der Initialisierung der Größen der benannten COMMON-Bereiche
$b_1, b_2, \ldots$ allen Variablen Anfangswerte in der DATA-Anweisung übermittelt werden
müssen.

Wir haben gesehen, daß man mit Hilfe der COMMON-Anweisung Speicherbereiche im
Haupt- und Unterprogramm unterschiedlich strukturieren kann (vgl. Seite 79), und
es ist auch möglich, einen einzelnen Speicherplatz unterschiedlich zu interpretieren,
indem man für denselben Speicherplatz des COMMON-Bereiches im Unterprogramm einen
anderen Typ vereinbart als im Hauptprogramm. Eine ähnlich weitreichende Möglichkeit
innerhalb eines Programmabschnitts auf denselben Speicherplatz mit unterschiedlichen
Variablennamen und auch mit unterschiedlichem Typ zu verweisen, ist durch die
EQUIVALENCE-Anweisung gegeben. Sie hat die allgemeine Form:

    EQUIVALENCE (Variablenliste) [,(Variablenliste)] ...

Dabei steht

    Variablenliste

für mindestens zwei, durch Komma getrennte Variablennamen, die auf denselben
Speicherplatz verweisen sollen. In einer EQUIVALENCE-Anweisung kann man weitere
Namen angeben, die dann in gleicher Weise auf andere Speicherplätze verweisen.
Dies ist oben in der allgemeinen Form durch

    [,(Variablenliste)] ...

angedeutet.

Insbesondere dann, wenn man mit Variablen unterschiedlichen Typs auf denselben
Speicherplatz zugreift, muß man wissen, wie die einzelnen Variablen intern gespeichert werden. Deshalb empfiehlt es sich, die entsprechenden Handbücher der jeweils benutzten Rechenanlage zu Rate zu ziehen. Andererseits erschwert man sich in
großem Maße den Übergang des Programms von einer Rechenanlage zur anderen durch die
Benutzung von EQUIVALENCE-Anweisungen. Deshalb sollte man sie so wenig wie möglich
verwenden (wenn es überhaupt erforderlich ist, was wir bezweifeln).

11 Der Datentyp COMPLEX

Bei den bisher behandelten arithmetischen Ausdrücken haben wir nur die Datentypen
DOUBLE PRECISION, INTEGER und REAL kennengelernt. Daneben unterstützt Fortran in
vollem Umfang die Bildung komplexwertiger arithmetischer Ausdrücke.

Während man allgemein komplexe Zahlen in der Form

$$z = x+iy \qquad \text{mit} \quad i = \sqrt{-1}$$

darstellt, sind in Fortran die komplexwertigen Zahlen in Form eines geordneten
Wertepaares ("Tupel") abgelegt:

$$z = (x, y)$$

wobei

    x für den Realteil und

    y für den Imaginärteil

steht. Beide Größen x und y besitzen für sich die Speicherungsform REAL und
werden als solche im Arbeitsspeicher abgelegt.[+)] Variable mit dem Typ COMPLEX
sind in einer Deklarationsanweisung in der allgemeinen Form

    COMPLEX Variablenliste

aufzuführen. Dabei dürfen in der Variablenliste neben (einfachen) Variablen
auch Vektoren und Matrizen enthalten sein, wobei dann die Grenzen für die
Indizes zu spezifizieren sind. Dies kann - wie schon früher beschrieben -
entweder in der Typ-Deklaration oder in einer gesonderten

    DIMENSION-Anweisung

(vgl. Seite 28) erfolgen.

Neben den oben beschriebenen Variablen mit dem Typ COMPLEX sind in Fortran
komplexwertige Konstanten vorgesehen, die in der Form eines geordneten
Wertepaares (s.o.) angegeben werden, wobei jetzt zusätzlich jede der beiden
Konstanten auch den Typ INTEGER besitzen darf.

So stellt z.B. die Konstante

    (3.14, -1)

den Wert 3,14-i dar. Intern werden die INTEGER-Anteile in Größen mit dem Typ REAL
umgewandelt, womit die Möglichkeit des Genauigkeitsverlustes bei der Typumwandlung
beachtet werden muß.

[+)] In Fortran 77 sind doppelt genaue, komplexe Zahlen nicht vorgesehen, doch
unterstützen viele Compiler die höhere Genauigkeit.

Zwischen je zwei Größen (Variable oder Konstante)

$$z = (x,y) \quad \triangleq \quad x+iy \quad \text{und}$$
$$c = (a,b) \quad \triangleq \quad a+ib$$

mit dem Typ COMPLEX sind die in der nachfolgenden Tabelle aufgeführten
Rechenoperationen definiert:

Bedeutung	Operation		Ergebnis
Addition ⎤ Subtraktion ⎦	$z\pm c$	$(x,y)\pm(a,b)$	$(x\pm a,\ \ y\pm b)$
Multiplikation	$z*c$	$(x,y)*(a,b)$	$(x*a-y*b,\ x*b+y*a)$
Division	z/c	$(x,y)/(a,b)$	$((x*a+y*b)/(a*a+b*b),\ (a*y-x*b)/(a*a+b*b))$

Ferner ist die Exponentiation in der Form $z**c$ vorgesehen und es sind eine Reihe
vorgegebener Funktionen für komplexwertige Parameter im Fortran-Programm
aufrufbar (vgl. Anhang C, Seite 127).

In einem arithmetischen Ausdruck dürfen komplexe Zahlen mit Größen vom Typ
INTEGER und REAL kombiniert werden[+) Das Ergebnis besitzt dann den Typ COMPLEX
und einen Wert, der der gewählten Operation entspricht (natürlich im Rahmen der
möglichen Zahlendarstellung).

Für die Ein- und die Ausgabe komplexer Werte ist kein besonderer Format-Code
vorgesehen. Vielmehr sind für Real- und Imaginärteil gesondert die Formatcodes
zu verwenden, wie sie für Größen des Typs REAL vorgesehen sind, nämlich[++)

    aDw.d
    aEw.d
    aFw.d

[+)] Eine Verknüpfung von Größen mit dem Typ COMPLEX mit Größen des Typs DOUBLE
PRECISION ist im Fortran 77-Sprachumfang nicht vorgesehen, trotzdem ist sie
bei vielen Compilern zugelassen.

[++)] Man lasse sich durch den möglicherweise benutzten Formatcode D nicht zu einer
falschen Interpretation verleiten: Intern werden einfach genaue Zahlen gespeichert, nicht doppelt genaue.

12 Zugriff auf Dateien

In den Abschnitten 5 und 6 hatten wir uns mit der Ausgabe von Daten auf dem Drucker
und der Eingabe von Daten von dem Kartenleser beschäftigt. Als Anweisungen waren
das WRITE-Statement (vgl. Seite 32) und zwei Formen des READ-Statements
(vgl. Seite 45 und 49) in Verbindung mit Format-Angaben beschrieben worden. Die dabei
gewonnenen Vorstellungen wollen wir nun auf "Dateien" übertragen.

Unter einer Datei versteht man eine Menge von Daten, die für eine bestimmte Aufgabe
in einem äußeren Speicher einer Rechenanlage zusammengestellt sind. Dies kann
beispielsweise ein Stapel von Datenkarten sein oder eine Ausgabeliste.

Da es unökonomisch ist, jeweils ein einzelnes "Datum" in den äußeren Speicher zu
übertragen, oder von ihm zu lesen, faßt man jeweils mehrere Daten zu einem
"Datensatz" ("record") zusammen. Diese Zusammenfassung geschieht auf der Programm-
ebene durch die READ- oder WRITE-Anweisung. Wir können uns jeweils eine zu lesende
Datenkarte oder eine zu schreibende Ausgabezeile unter einem Datensatz vorstellen.

Darüber hinaus können auf der Ebene der Steuerkarten mehrere Datensätze zu einem
"Datenblock" zusammengefaßt werden. Auf den externen Datenträger werden dann
jeweils Datenblöcke übertragen. Die Aufbereitung von Datensätzen zu Datenblöcken
wird vom Betriebssystem automatisch vorgenommen, so daß wir es im Fortran-Programm
nur mit Datensätzen zu tun haben.

Bei unseren bisherigen Dateien (Karteneingabe, Druckerausgabe) war ein Datensatz
nach dem anderen zu übertragen und zu verarbeiten. Bei einer derartigen
Organisationsform einer Datei spricht man von einer "sequentiellen Datei" oder:
"Datei mit sequentiellem Zugriff". Neben der bisher behandelten Standard-Ein-
und -Ausgabe kann man sie auch auf magnetischen Datenträgern (Magnetband,
Magnetplatte) realisieren. Von einer "Datei mit direktem Zugriff" spricht man
dann, wenn jeder Datensatz unabhängig von allen anderen erreichbar, d.h.
adressierbar ist. Es ist verständlich, daß sie nur auf einer Magnetplatte, nicht
jedoch auf einem Magnetband angelegt werden kann.

Bevor wir im einzelnen darauf eingehen, wie wir in Fortran auf Daten zugreifen
können, die auf magnetischen Datenträgern gespeichert sind, wollen wir uns eine
Vorstellung davon verschaffen, wie Daten auf einem Magnetband bzw. einer
Magnetplatte gespeichert werden können.

Ein Magnetband ist eine 1/2-Zoll breite Kunststoff-Folie, die mit einer
magnetisierbaren Oberfläche beschichtet ist. Es gibt Standardlängen von
ca. 360 m und ca. 720 m. Moderne Magnetbandgeräte haben die Möglichkeit, ein
Magnetband mit 9 Spuren nebeneinander zu beschreiben: Davon entsprechen 8 Spuren
den 8 Bits eines Bytes. Die neunte Spur dient zur Aufzeichnung eines Kontrollbits

(Paritätsbit), das so gesetzt wird, daß die Anzahl der gesetzten Bits ungerade ist. Man kann mit Hilfe eines Kontrollbits eine schadhafte Bandstelle oder einen Übertragungsfehler entdecken.[+)]

Beispiel:

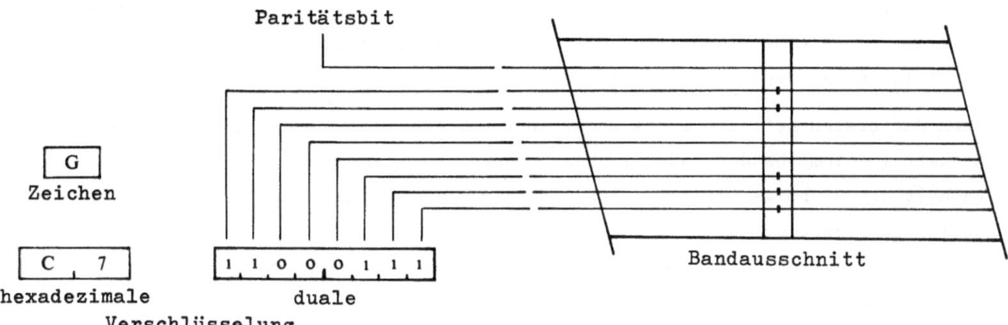

Die Schreibdichte auf einem Magnetband beträgt 800 oder 1600 BPI ("bit per inch"). Da ein Zeichen oder Byte "parallel" auf das Magnetband geschrieben wird, werden 800 bzw. 1600 Zeichen pro Zoll gespeichert.[++)]

Die Magnetbandstation kann nur dann Daten auf das Magnetband übertragen, wenn es mit der vorgesehenen Geschwindigkeit an der Schreib-/Lesestation vorbeitransportiert wird. Für das Starten und Stoppen des Bandes sind entsprechende Strecken vorzusehen, die zweimal ca. 0,7 cm betragen. Die Beschleunigungswege gehen als Blocklücken oder "intern record gaps" für die Speicherung von Daten verloren. Je nach Anzahl von Zeichen, die zu einem Datenblock zusammengefaßt und als eine Einheit auf das Magnetband übertragen werden, können auf einem langen Magnetband bei einer Schreibdichte von 1600 BPI nur bis zu maximal 30 Millionen Zeichen gespeichert werden.

Es ist möglich, daß eine Datei mehr Daten umfaßt, als auf einem Magnetband gespeichert werden können. Andererseits ist es aber auch möglich, daß eine Datei nur einen Bruchteil eines Magnetbandes füllt, so daß sie gemeinsam mit anderen Dateien auf einem Band gespeichert werden kann. Als Benutzer einer Rechenanlage will man die Speicherung der Daten auf einem Magnetband nicht im einzelnen verwalten müssen. Vielmehr erwartet man, daß dies weitgehend automatisch abläuft. So soll z.B. das Magnetband zum Lesen einer bereits bestehenden Datei auf den ersten Datenblock positioniert werden, und zwar unabhängig davon, ob es sich um die erste Datei auf dem Magnetband handelt oder nicht.

Dies setzt einerseits ein Datei-Verwaltungs-System als Teil des Betriebssystems voraus und andererseits Informationen, die zusätzlich zu den eigentlichen Daten auf dem Magnetband gespeichert sein müssen. Da man sich als Benutzer ein Bild

---

[+)] In jedem Datenblock werden noch an anderer Stelle Kontrollzeichen gesetzt; hier soll darauf nicht näher eingegangen werden.

[++)] Neuerdings ist eine Schreibdichte von 6.250 BPI im Gebrauch.

davon machen sollte, wie die zusätzlichen Informationen im Zusammenspiel mit den eigentlichen Daten abgespeichert werden, soll hier der prinzipielle Aufbau von Dateien auf einem Magnetband beschrieben werden.

Bei jedem Magnetband ist hinter dem Vorspann zum Einfädeln des Bandes eine Reflektormarke aufgeklebt, die (optisch) den Beginn der gespeicherten Information anzeigt. Am Ende des Bandes ist eine zweite Reflektormarke angebracht, die ein Durchziehen des Bandes verhindern soll.

Nach der ersten Reflektormarke steht in einem ersten Block das Datenträger-Etikett ("volume header label"). Das Volume-Label, wie man es auch kurz nennt, enthält als wichtigste Information die Bandnummer und eine Besitzerangabe. Da mit dem Überschreiben des Datenträger-Etiketts alle Dateien des Bandes verlorengehen, ist klar, daß das Volume-Label nur von zuständigen Mitarbeitern eines Rechenzentrums erstellt werden darf.

Nach dem Datenträger-Etikett wird in einem zweiten Block das Datei-Etikett ("file-header-label") oder "header 1") angegeben. Dieser Block enthält neben anderen Informationen

- den Namen (bis zu 17 Zeichen)
- das Erstellungsdatum und
- das Freigabedatum

der Datei.

Das dritte Etikett ("header 2") enthält Informationen über den Aufbau der Daten innerhalb der Datenblöcke. Hierzu zählen u.a.

- die Länge des Datenblocks ("Blocklänge")
- die Länge des Datensatzes ("Satzlänge"),

d.h. die Anzahl der Zeichen pro Datenblock bzw. pro Datensatz. Von einigen Betriebssystemen wird der Header 2 nicht erstellt bzw. nicht ausgewertet. Dann muß man die Informationen auch beim späteren Lesen der Datei auf der zugehörigen Steuerkarte angeben, während man im anderen Fall diese Größen als bekannt voraussetzen kann.

Der Bereich, in dem die verschiedenen Etiketten angegeben sind, wird von dem eigentlichen Datenbereich durch eine sog. Abschnittsmarke ("tape mark") getrennt. Nach den Datenblöcken werden hinter einer weiteren Abschnittsmarke die sog. Trailer-Label angegeben. Als erstes wird die EOF1-Marke ("end-of-file trailer label") gesetzt, die außer der Anzahl der eigentlichen Datenblöcke dieselben Angaben wie das Datei-Etikett Header 1 enthält. Die nachfolgende EOF2-Marke enthält dieselben Informationen wie das Etikett Header 2. Falls die Datei die einzige auf dem Magnetband ist, werden anschließend zwei Abschnitts- marken gesetzt. Sie geben an, daß sich keine weiteren Daten auf dem Band befinden.

Folgt dagegen mindestens eine weitere Datei, befindet sich an dieser Stelle nur
eine Abschnittsmarke, und es werden dann die Etiketten Header 1 und Header 2
der nächsten Datei angegeben.[+)]

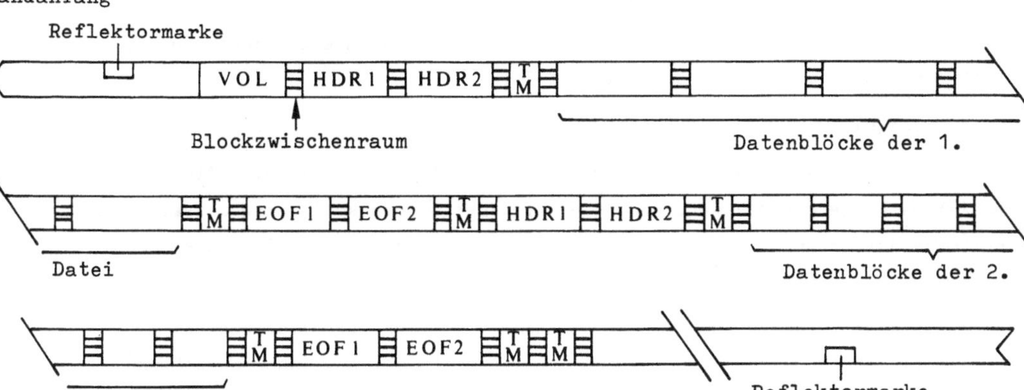

Da die einzelnen Dateien hintereinander gespeichert sind, darf eine Datei nur
dann verändert (d.h. gelöscht oder durch zusätzliche Daten verlängert) werden,
wenn sie die letzte in dieser Folge ist. Verändert man trotzdem eine voraus-
gehende, gehen die nachfolgenden Dateien verloren.

Wird eine sequentielle Datei (etwa von einem Magnetband) auf eine Magnetplatte
übertragen, so wird von dem Betriebssystem der Rechenanlage derselbe Aufbau
der Datei einschließlich der beiden Datei-Etiketten und der beiden Trailer-
Label realisiert. Da sich die Platte ununterbrochen dreht und nicht vor jeder
Datenübertragung auf die vorgeschriebene Geschwindigkeit gebracht werden muß,
entfallen für die Platte die bei dem Magnetband erforderlichen Blocklücken.
Darüber hinaus darf man eine bereits erstellte Datei verlängern, löschen oder
insgesamt überschreiben, ohne daß - wie beim Magnetband - andere Dateien in
Mitleidenschaft gezogen werden. Wenn man diese Besonderheiten im Auge behält,
kann man Dateien auf dem Magnetband und auf der Magnetplatte gleich behandeln:
Sie stellen in dem Verarbeitungsprogramm sequentielle Dateien dar, die entweder
gelesen, erstellt oder verlängert werden. Ein wechselweises Lesen und Schreiben
einzelner Datensätze ist nicht erlaubt, dieses ist nur bei Direktzugriff-Dateien
möglich, die ihrerseits nur auf einer Magnetplatte realisiert werden können.

Es ist geschichtlich bedingt, daß man es im Fortran-Programm von der Systematik
der Programmiersprache her nicht mit Dateien ("files") zu tun hat, sondern mit
Geräte-Einheiten ("units"). Diese Geräte-Einheiten konnten über eine Einheiten-
Nummer unmittelbar angesprochen werden. Im Rahmen allgemeinerer Betriebs-
systemkonzepte ist an die Stelle von (externen) Geräteeinheiten die Datei

---

[+)]Es können vom Betriebssystem weitere, nicht genormte Bandetiketten
erstellt werden.

getreten, die oben in allgemeiner Form beschrieben wurde. Geblieben ist in Fortran die Vorstellung von Geräteeinheiten: Man spricht auch von "logischen Einheiten" ("logical unit"). Die logische Einheiten-Nummer wird auf der Ebene Job-Control durch Steuerkarten einer Datei zugeordnet.[+)]

Jede Datei muß vor dem ersten Zugriff eröffnet werden. Hierzu dient die OPEN-Anweisung, die wir zunächst in der Form

    OPEN(u)

kennenlernen wollen. Dabei ist u die Nummer der logischen Einheit, die beziehungsweise deren zugehörige Datei eröffnet werden soll. Eine weitere Form der OPEN-Anweisung mit zusätzlichen Parametern ist auf Seite 91 im Zusammenhang mit Direkt-Zugriffs-Dateien angegeben.

Alle Zugriffe auf Dateien und zwar unabhängig von der Organisationsform "sequentiell" oder "direkt", lassen sich mit Hilfe der Anweisungen READ und WRITE vollziehen. Sie haben die allgemeine Form[++)]

    READ (Kontroll-Information) Eingabeliste

für die Eingabe-Anweisung und entsprechend für die Ausgabeanweisung:

    WRITE (Kontroll-Information) Ausgabeliste

Die Kontrollinformation wird in Form einer Liste angegeben. An erster Stelle der Liste wird wie bisher

    die "logische Einheit"

aufgeführt und an zweiter Stelle

    die Nummer des zugehörigen Formats.

Alle weiteren Kontrollinformationen werden anschließend von der dritten Stelle an durch Schlüsselwörter mitgeteilt. Bisher haben wir hiervon die Endbedingung bei der Eingabe in der Form

    END=m

kennengelernt (vgl. Seite 49). Darüber hinaus sind folgende Schlüsselwörter möglich:

    ERR = s

    IOSTAT = v

    REC = r

[+)] Im Prinzip gilt dies auch für die Einheiten-Nummern 5 und 6 für die Dateien "Karteneingabe" und "Druckerausgabe". In der Regel werden diese Einheiten vom Rechenzentrum vordefiniert, so daß die entsprechenden Steuerkarten entfallen können.

[++)] Die Ein- und Ausgabeliste dürfen leer sein; dann wird entweder ein Datensatz überlesen (Eingabe) oder ein Satz ohne Variablenwerte ausgegeben (eventuell leer, falls im zugehörigen Format keine Textkonstante enthalten ist).

Sie haben folgende Bedeutung:

1) ERR = s

   Falls während der Ein- und Ausgabe der Daten ein Übertragungsfehler auftritt, wird die Übertragung abgebrochen und zu der Anweisung mit der
   Nummer s verzweigt.

2) IOSTAT = v

   An Stelle von v wird eine Variable (oder die Komponente eines Feldes) angegeben. Nach der Ein- oder Ausgabeoperation erhält die Variable v einen
   Wert zugewiesen, der Auskunft über den Status der Übertragungsoperation
   geben kann. Dabei sind standardmäßig folgende Werte vorgesehen:

   $v = 0$: Die Übertragung ist ordnungsgemäß abgeschlossen.

   $v > 0$: Es ist ein Übertragungsfehler aufgetreten.
               (Spezifikation einzelner Fehlercodes ist compilerabhängig).

   $v < 0$: Das Ende der Datei ist erreicht.

An Stelle der beiden Angaben END=... und ERR=... kann man den Status der Übertragung mit dem Schlüsselwort IOSTAT = v abfragen und anschließend dem Wert der
Variablen v gemäß verzweigen.

3) REC = r

   Diese dritte Angabe ist nur für Dateien mit direktem Zugriff vorgesehen.
   Hierdurch gibt man an, welchen Record, d.h. welchen Datensatz man lesen
   oder schreiben will. Dabei darf für r ein arithmetischer Ausdruck mit ganz-
   zahligem Wert angegeben werden (s.u., Seite 91).

Aus Gründen einer einheitlichen Darstellung der Kontrollinformation hat man in
Fortran 77 zusätzlich für die logische Einheit und für die Formatangabe Schlüsselwörter vorgesehen. Es sind dies

   UNIT = u   für die logische Einheit
   FMT = f   für die Formatangabe

Benutzt man diese Schlüsselwörter, so braucht man die logische Einheit u und
die Angabe des Formats mit der Nummer f nicht an der ersten bzw. zweiten
Stelle in der Kontrollinformation anzugeben.

Nachdem man alle Daten übertragen hat, muß man bei einer Ausgabedatei die Kennzeichnung für das Ende der Datei ausgeben ('end of file'). Man kann dies tun
durch die Anweisung

   ENDFILE u   (u: Nummer der logischen Einheit)

Anschließend - oder im Falle einer Eingabedatei nach dem Lesen der Daten -
müssen die Dateien geschlossen werden. Die Anweisung lautet:

   CLOSE (u)

oder CLOSE (UNIT = u)   wobei für u genau eine zu schließende Datei anzugeben ist.

Man kann in der CLOSE-Anweisung noch weitere Kontrollinformationen, wie die
oben bei den READ- und WRITE-Anweisungen erklärten Schlüsselwörter ERR=s und
IOSTAT=v angeben. Dies ist jedoch von untergeordneter Bedeutung. Wichtig sind
aber die zusätzlichen Kontrollangaben der CLOSE-Anweisung

```
        STATUS = 'KEEP'
oder
        STATUS = 'DELETE'
```

wobei hierdurch der Status der Datei nach Beendigung des Programms festgelegt
wird: Bei der Angabe KEEP soll die Datei erhalten bleiben, bei DELETE wird sie
gelöscht. Das Löschen einer Datei sollte man aber besser mit sogenannten Dienst-
programmen in einem gesonderten Lauf vornehmen, so daß wir hierauf nicht näher
eingehen wollen.

Falls man die obige Anweisung zum Schließen der Datei nicht explizit angibt,
wird die Datei automatisch am Ende des Programms geschlossen. Die Anweisung ist
also nicht unbedingt erforderlich. Sie ermöglicht aber dem Betriebssystem,
die Einheit (Magnetband- oder Magnetplattenstation) vorzeitig freizugeben.

Für manche Anwendungen mag es notwendig sein, innerhalb einer Programmausführung
das Magnetband an den Anfang der Datei zurückzusetzen - oder allgemein gesprochen,
um auch sequentielle Magnetplattendateien einzuschließen - auf den ersten Datensatz zu positionieren. Hierfür ist die Anweisung

```
        REWIND u              (u: Nummer der logischen Einheit)
```

vorgesehen. Will man in der Datei nur um einen Datensatz zurückgehen (um ihn
eventuell erneut zu lesen), so kann man die Anweisung

```
        BACKSPACE u
```

angeben. Falls um mehrere Datensätze zurückgegangen werden soll, sind entsprechend
viele BACKSPACE-Anweisungen vorzusehen.

<u>Aufgabe 12.1</u>

> Es seien zwei gleichartige sequentielle Dateien mit sortierten Daten
> gegeben. Bitte schreiben Sie ein Programm, das die Daten beider Dateien
> in eine neue Datei mit ebenfalls sortierten Daten überführt.

Nachdem wir die Verarbeitung sequentieller Dateien in ihren Grundzügen dargestellt haben, wollen wir noch auf die Bearbeitung von Direkt-Zugriffs-Dateien
eingehen.[+)]

[+)] Die nachfolgend beschriebenen Anweisungen gelten für Fortran 77. In Fortran IV
sind andere, nicht standardisierte Anweisungen je nach benutztem Compiler
möglich. Beispielhaft werden die Anweisungen READ DISC und WRITE DISC im Zusammenhang mit Aufgabe 12.2 (vgl. Seite 119) erläutert.

In Fortran werden standardmäßig nur solche Dateien mit direktem Zugriff unterstützt, deren Datensätze eine feste, d.h. nicht variable Satzlänge besitzen.[+)]
Bei der Dateierstellung werden die einzelnen Datensätze durchnumeriert; über
diese Nummer ist später jeder Datensatz erreichbar. Man kann deshalb bei dieser
Form der Datei mit direktem Zugriff von der Vorstellung ausgehen, daß alle Datensätze - ähnlich den Komponenten eines Vektors - hintereinander stehen. Indem man
den Wert r nach dem Schlüsselwort REC in der READ- oder WRITE-Anweisung
(siehe oben, Seite 89) entsprechend setzt, - vergleichbar dem Index eines
Vektors - ist jeder Datensatz abrufbar oder er kann in den adressierten Bereich
übertragen werden. Jede Übertragung kann dabei unabhängig von anderen zuvor
gelesenen oder geschriebenen Datensätzen erfolgen.

Obwohl in der Datei jeweils die Satznummer zusätzlich abgespeichert wird, erhalten wir im Fortran-Programm nur den Inhalt des Datensatzes bereitgestellt.
Außerdem werden - aus Gründen der Zugriffsoptimierung, die oben bereits beschrieben wurde - jeweils mehrere Datensätze zu einem Datenblock zusammengefaßt.
Zusätzlich sind in ihm noch weitere Kontroll-Informationen enthalten, die aber
ebenfalls automatisch vom Betriebssystem verwaltet werden. Insgesamt können wir
uns von den Direkt-Zugriffs-Dateien folgendes Bild machen:

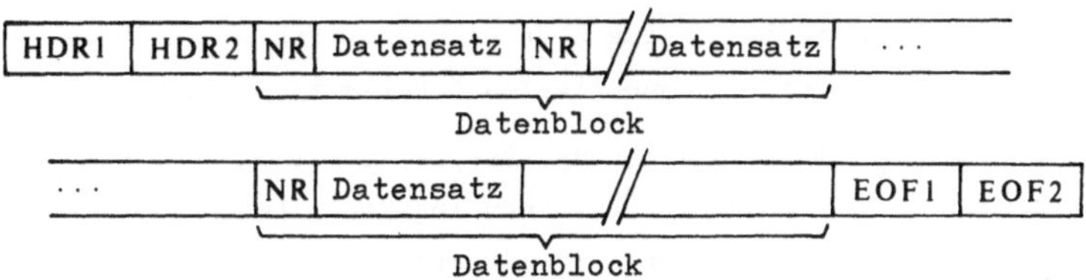

Die OPEN-Anweisung muß für die Eröffnung einer Direkt-Zugriffs-Datei um zwei
zusätzliche Angaben erweitert werden und zwar um:

    ACCESS = 'DIRECT'
und: FORM = 'FORMATTED'

Die beiden entsprechenden Angaben sind für sequentiell organisierte Dateien
(s.o.) nicht erforderlich, da sie implizit angenommen werden. Eine explizite
Angabe wäre aber auch möglich gewesen, um die Zugriffsart zu verdeutlichen;
sie hätte dann lauten müssen:

    ACCESS = 'SEQUENTIAL'

Auf Direkt-Zugriffs-Dateien wird standardmäßig ohne Formatangabe zugegriffen,
deshalb wird dann implizit

    FORM = 'UNFORMATTED'

[+)]Falls die Angaben im zugehörigen Format bei der WRITE-Anweisung eine geringere
Länge vorsehen, werden die Datensätze bis zur Länge der Steuerkartenangabe
mit Leerzeichen aufgefüllt.

angenommen. Da wir die unformatierte Ein- und Ausgabe nicht dargestellt haben[+)]
müssen wir bei Direkt-Zugriffs-Dateien den formatierten Zugriff durch eine entsprechende OPEN-Anweisung ermöglichen. Sie lautet:

    OPEN(u,ACCESS='DIRECT',FORM='FORMATTED')

<u>Aufgabe 12.2</u>

    Bei der Bearbeitung personenbezogener Daten empfiehlt es sich, die un-
mittelbar auf die Personen hindeutenden Angaben (z.B. Name, Anschrift)
von den übrigen Daten (z.B. Gehalt, Zulagen, Abzüge) zu trennen und in
verschiedene Dateien zu speichern. Dies kann in zwei Direkt-Zugriffs-
Dateien geschehen, wobei in jedem Datensatz einer jeden Datei die Satznummer des zugehörigen Satzes in der jeweils anderen Datei abgelegt wird,
um die Verknüpfung zu gewährleisten.

    Bitte schreiben Sie ein Programm, das die in beiden Dateien gespeicherten
Daten (gemeinsam) auflistet.

Man muß sich darüber klar sein, daß die oben beschriebene Organisation der
Direkt-Zugriffs-Dateien eine Reihe von Mängeln aufweist. Hierzu zählen z.B.:

- Der Zugang zu den Datensätzen lediglich über eine ganze Zahl ist nicht allgemein genug. Es wäre besser, den Zugang über alpha-numerische Schlüssel mit
  größerer Länge wie z.B. bei index-sequentiellen Dateien zuzulassen.

- Es ist nicht möglich (ohne Umnumerierung des Restes) zwischen zwei Datensätzen
  einen weiteren einzufügen oder umgekehrt, einen logisch gelöschten Datensatz
  auch physikalisch zu löschen und damit seinen Platz wieder allgemein verfügbar
  zu machen.

- Bei der Erstellung der Datei führen Lücken in der Numerierung ("Hochsetzen
  des Schlüssels") zu entsprechenden Lücken in der Datei. Diese Lücken können
  zwar später durch passende Datensätze genutzt werden, doch stellt sich die
  Datei nicht einheitlich dar.

Um diese Mängel zu umgehen, stellen viele Hersteller dem Fortran-Programmierer
weitere Datei-Konzepte zur Verfügung. In welchem Umfang man hiervon Gebrauch
macht, hängt auch davon ab, ob man die erstellten Programme von einer Rechenanlage
zu einer anderen übertragen will.

[+)]Dies geschah lediglich aus Gründen der Konsistenz mit den Abschnitten 5 und 6,
wo die Formatangabe erforderlich ist. Bei der unformatierten Übertragung in
Dateien werden dieselben oben beschriebenen READ- und WRITE-Anweisungen benutzt,
es wird lediglich keine Angabe zu einem Format gemacht.

13 Uminterpretieren von Datensätzen; die Anweisungen DECODE und ENCODE

Für manche Anwendungen ist es erforderlich, die Eingabe-Daten in unterschiedlicher Weise interpretieren zu können. Dies ist schon dann gegeben, wenn man bei der Karteneingabe jede Karte in einem bestimmten Feld kennzeichnet und den Rest der Karte unterschiedlich strukturiert.

Beispiel 13.1

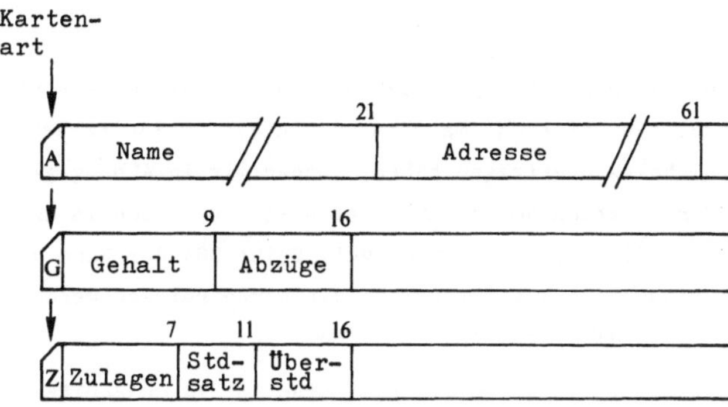

In dem Augenblick, in dem nach der READ-Anweisung die Kartenart interpretiert werden könnte, ist die gesamte Karte bereits gelesen und der Rest kann nicht mehr mit dem zugehörigen Format interpretiert werden.

Mit Fortran 77 kann man ein Programm so anlegen, daß der Inhalt jeder Karte zunächst in eine Variable vom Typ CHARACTER übertragen wird. Anschließend wird der Karteninhalt mit unterschiedlichen Formaten aus der CHARACTER-Variablen "gelesen".

Die Handhabung wollen wir an dem obigen Beispiel für Fortran 77 verdeutlichen.[+]

```
      CHARACTER KA*1,REST*79,A/'A'/,G/'G'/,Z/'Z'/,NAME*20,ADR1*20,ADR2*20
      REAL GEH,ABZ,ZUL,UEB,STD
 1111 READ (5,100,END=2222) KA,REST
      IF (KA .EQ. A) THEN
         READ (REST,101) NAME,ADR1,ADR2
      ELSE IF (KA .EQ. G) THEN
         READ (REST,102) GEH,ABZ
      ELSE IF (KA .EQ. Z) THEN
         READ (REST,103) ZUL,UEB,STD
      ELSE IF (KA .NE. Z) THEN
         Es liegt keine der Kartenarten A, G oder Z vor;
         entsprechende Fehlerbehandlung vorsehen
      END IF
      ...
```

```
      GOTO 1111
 2222 STOP
  100 FORMAT (A1,A79)
  101 FORMAT (3A20)
  102 FORMAT (F8.2,F7.2)
  103 FORMAT (F5.2,F4.1,F5.2)
      END
```

Wie man an dem obigen Beispiel sehen kann, ist die unterschiedliche Interpretation jetzt sehr einfach: Nachdem wir in die CHARACTER-Variable REST den Rest des Karteninhalts übertragen haben, können wir in Abhängigkeit vom Inhalt von KA die Interpretation vornehmen. Hierzu ist lediglich in dem READ-Statement an Stelle der Einheiten-Nummer u (vgl. Seite 88) der Name der CHARACTER-Variablen anzugeben, aus der heraus die Werte gelesen werden sollen. In unserem Beispiel ist es die Variable REST.

In dem Beispiel 13.1 hatten wir die Daten in die CHARACTER-Variable REST durch eine READ-Anweisung übertragen. In umgekehrter Richtung kann man Werte in eine CHARACTER-Variable hinein übertragen. Dazu dient die WRITE-Anweisung, die dann die allgemeine Form hat:

        WRITE (v,f) Ausgabeliste

Dabei steht jetzt der Buchstabe v für eine CHARACTER-Variable, die die Werte der Variablen aus der Ausgabeliste aufnehmen soll; sie steht damit an Stelle der Einheitennummer u. Der Buchstabe f steht wieder für eine Format-Nummer, nach der die Ausgabe erfolgen soll.

In Fortran IV ist standardmäßig kein Übertragen von Daten unter Berücksichtigung von Formatangaben aus einem oder in einen Arbeitsspeicherbereich vorgesehen. Man hat seinerzeit auf verschiedenen Rechenanlagen unterschiedliche Konzepte realisiert, von denen die Anweisungen DECODE und ENCODE größere Bedeutung erlangt haben. Aus diesem Grunde sollen sie hier beschrieben werden, auch wenn sie nicht zum Standard Fortran 77 gehören und auch bei Fortran IV nicht von allen Compilern unterstützt werden.

Die Anweisung DECODE entspricht der READ-Anweisung; sie hat die allgemeine Form:

        DECODE (n,f,v) Eingabeliste

Dabei stehen:

    n   für die Anzahl der zu übertragenden Zeichen ("Satzlänge")
    f   für die Format-Nummer und
    v   für die Startadresse des Bereichs, aus dem die Daten für die Eingabeliste gelesen werden sollen (in der Regel: Name eines Vektors)

<u>Beispiel 13.2</u>

Von den Datenkarten sollen alle Zeichen in einen Vektor KA übertragen werden.
Anschließend sind aus dem Vektor KA mit Hilfe der DECODE-Anweisung die
einzelnen Werte zu lesen.

```
    INTEGER KA(20),J,N
    REAL X,Y
    ...
    READ (5,100) (KA(J),J=1,20)
100 FORMAT (20A4)
    DECODE (14,101,KA) X,Y,N
101 FORMAT (2F5.1,I4)
    ...
```

In die ersten Komponenten des Vektors KA mögen folgende Zeichen übertragen
worden sein:

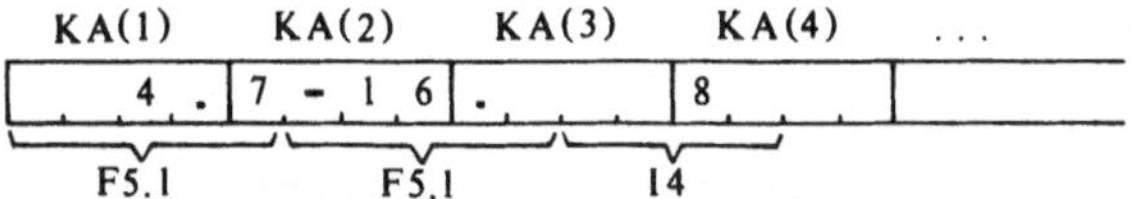

Auf Grund der DECODE-Anweisung werden aus dem Vektor KA die folgenden
Werte übertragen.[+)]

```
    X = 4.7
    Y = -16.0
    N = 80
```

Umgekehrt kann man mit der ENCODE-Anweisung, die dem WRITE-Statement entspricht,
Daten von einer "Ausgabeliste" in einen Bereich des Arbeitsspeichers unter
Benutzung eines Formats schreiben. Die allgemeine Form lautet:

ENCODE (n,f,v) Ausgabeliste

Dabei haben die Buchstaben n, f und v dieselbe Bedeutung, wie sie im Zusammenhang mit der DECODE-Anweisung erläutert wurden.

<u>Aufgabe 13.1</u>

Bitte geben Sie für Beispiel 13.1 eine Lösung in Fortran IV unter
Benutzung der Anweisungen DECODE und ENCODE an.

[+)] Hierbei geht die interne Wortstruktur ein: Falls nicht je 4 Zeichen in eine
INTEGER-Variable gespeichert werden, sondern m Zeichen, hätte man im Format
100 entsprechend Am angeben müssen, sonst würden die Daten von der Eingabe
in dem Vektor KA gespreizt, und es würden in der DECODE-Anweisung die einge-
streuten Leerzeichen falsch interpretiert.

Lösungen zu den Beispielen und Aufgaben

In diesem Abschnitt sollen die Lösungen so dargestellt werden, wie sie auf einer konkreten Rechenanlage durchgeführt wurden.[+] Dabei muß auf bestimmte Eigenarten der Anlage und auch des Compilers Rücksicht genommen werden. Da man außerdem eine gegebene Programmieraufgabe auf vielfältige Weise lösen kann, sollen die hier beschriebenen Lösungen lediglich Anregungen für den eigenen Ansatz geben und zu dessen Kontrolle dienen.

Zu Beispiel 1.1 (Seite 4) und Aufgabe 1.1 (Seite 8)

```
      C   BEISPIEL 1.1, AUFGABE 1.1
            REAL A,B,M
            A = 1.4
            B = 2.1
            M = (A+B)/2.0
            WRITE (6,100) A,B,M
        100 FORMAT (1X,8F16.6)
            STOP
            END
```

Als Ergebnis wird ausgegeben:

```
      1.400000           2.100000           1.750000
```

Zu Aufgabe 1.2 (Seite 8)

```
      C   AUFGABE 1.2
            REAL A,B,C,S,F
            A = 2
            B = 3.5
            C = 4
            S = (A+B+C)/2
            F = (S*(S-A)*(S-B)*(S-C))**0.5
            WRITE (6,100) A,B,C,F
        100 FORMAT (1X,8F16.6)
            STOP
            END
```

```
         A                 B                 C                 F
      2.000000          3.500000          4.000000          3.499442
```

Das Ergebnis für F stimmt im Rahmen der Rechengenauigkeit mit dem richtigen Wert (=3,5) überein.

Zu Aufgabe 2.1 (Seite 13)

```
      C   AUFGABE 2.1
            REAL A,B,C,D
            INTEGER J,K,N
            K = 1234567890
            J = 10
            A = J**(-2)
            B = J**(-2.)
            C = K*5/J
            D = K*(5/J)
            N = (K+0.)*5/J
            WRITE (6,100) A,B,C,D,N
        100 FORMAT (1X,4F16.6,I11)
            STOP
            END
```

[+] Als Rechenanlagen standen uns zur Verfügung: IRIS 80 der Firma CII und 7.880 der Firma Siemens, beide installiert im Rechenzentrum der Universität Bremen.

Als Ergebnisse wurden ausgedruckt:

A	B	C	D	N
0.0	0.010000	187787200.	0.0	617283584

Obwohl die ersten beiden ausgedruckten Werte und die letzten drei untereinander gleich sein sollten, sind sie unterschiedlich.

Variable A:
A=J**(-2)
Die Exponentiation wird auf $\frac{1}{J \cdot J}$ zurückgeführt. Die INTEGER-Division ergibt den Wert 0

Variable B:
B=J**(-2.)
Ein Operand hat den Typ REAL (Konstante 2.), womit das Zwischenergebnis den Typ REAL besitzt und mit dem erwarteten Ergebnis übereinstimmt.

Variable C:
C=K*5/J
Das Produkt K*5 hat den Typ INTEGER und das Ergebnis liegt außerhalb des zulässigen Zahlenbereichs für INTEGER-Werte. Mit dem abgeschnittenen "Ergebnis" wird ohne Fehlermeldung weitergerechnet. Das Ergebnis ist falsch.

Variable D:
D=K*(5/J)
Es wird zunächst der Klammerausdruck 5/J berechnet, der den Typ INTEGER und den Wert 0 besitzt. Damit erhält die Variable D den Wert 0.0

Variable N:
N=(K+0.)*5/J
Der Klammerausdruck K+0. besitzt den Typ REAL und stimmt in den ersten 6-7 Ziffern mit dem Wert von K überein (Rundungsfehler!) Die weiteren Zwischenergebnisse haben ebenfalls den Typ REAL, womit das Ergebnis bis auf Rundungsfehler mit dem erwarteten Wert von $\frac{K}{2}$ übereinstimmt. Um den Rundungsfehler zu zeigen, haben wir die FORMAT-Anweisung durch die Angabe von I11 verändert. Die Einzelheiten werden später im Abschnitt 5 erläutert.

Zu Beispiel 3.1 (Seite 15ff)

Lösung 3.1a (Seite 15)

```
      C  LOESUNG 3.1 A
            REAL X,Y
            X = -1
       9999 Y = 2.*X**2+3.*X-1
            WRITE (6,100) X,Y
        100 FORMAT (1X,8F16.6)
            X = X+0.1
            IF (X .LE. 1.55) GO TO 9999
            STOP
            END
```

Lösung 3.1b (Seite 20)

```
      C  LOESUNG 3.1 B
            REAL X,Y
            DO 9999 X = -1,1.55,0.1  ◄─────
            Y = 2.*X**2+3.*X-1
            WRITE (6,100) X,Y
        100 FORMAT (1X,8F16.6)
       9999 CONTINUE
            STOP
            END
```

Die DO-Anweisung ist in dieser Form nicht im Sprachumfang von Fortran IV enthalten (vgl. Anhang B, Seite 124).

Da das Polynom y auch für die obere Grenze 1,5 berechnet werden sollte, wurde
der Endwert um den Betrag 0,05 erhöht. So kann man verhindern, daß das
Programm für den oberen Grenzwert eventuell durch Rundungsfehler nicht mehr
ausgewertet wird. Es wird folgende Wertetabelle ausgegeben.

```
-1.000000          -2.000000
-0.900000          -2.080000
-0.800000          -2.120000
-0.700000          -2.119999
-0.600000          -2.079999
-0.500000
                              4.000000
 1.099999           4.719995
 1.199999           5.479990
 1.299998           6.279984
 1.399998           7.119980
 1.499997           7.999974
```

Zu Aufgabe 3.1 (Seite 20)

```
      C   AUFGABE 3.1
          REAL X,Y
          X = -1
     9999 Y = 2.*X**2+3.*X-1
          WRITE (6,100) X,Y
      100 FORMAT (1X,8F16.6)
          X = X+0.1
          IF (X-1.55) 9999,9999,1
        1 STOP
          END
```

Das Programm berechnet dieselben Werte wie Beispiel 3.1

Zu Aufgabe 3.2 (Seite 21)

Die geforderte Rechengenauigkeit kann mit der Zahlendarstellung REAL
(vgl. Anhang A, Seite 121) nicht erreicht werden. Deshalb wurde der
Typ DOUBLE PRECISION gewählt.

```
      C   AUFGABE 3.2
          DOUBLE PRECISION S,X,AN,PI,DX,SINX,EPS
          INTEGER N
          EPS = 0.5D-7
          PI = 3.14159265358979200
          DX = PI/50D0
          DO 2 X=0,PI/2,DX
          N = 0
          S = 0
          AN = X
          S = AN
        1 N = N+1
          AN = AN*(-X**2)/(2*N*(2*N+1))
          S = S+AN
          IF (AN .GT. EPS .OR. -AN .GT. EPS) GO TO 1
          SINX = S
          WRITE (6,100) X,SINX,AN
      100 FORMAT(1X,3F20.15)
        2 CONTINUE
          STOP
          END
```

x	sin x	a_n
0.0	0.0	0.0
0.062831853071796	0.062790519530080	0.0000000008160525
0.125663706143592	0.125333233564283	-0.00000000000098184
0.188495559215388	0.187381314584897	-0.00000000001677557
0.251327412287183	0.248689887153836	-0.0000000012567488
0.314159265358979	0.309016994375021	0.00000000000082146
0.376991118430775	0.368124552[illegible]	[illegible]
0.439822971503[illegible]	[illegible]	[illegible]15006497
[illegible]	[illegible]0804	-0.0000000026554776
[illegible]527	0.876306580045910	0.00000000003778350
1.130973355292325	0.904827052470841	0.00000000000795427
1.193805208364121	0.929776485899096	0.00000000001606404
1.256637061435916	0.951056516318549	0.00000000003129305
1.319468914507712	0.968583161177239	0.00000000005900772
1.383300767579508	0.982287250826298	0.00000000010803210
1.445132620651304	0.992114701504493	0.00000000019253950
1.507964473723099	0.998026728787810	0.00000000033481439

Zu Aufgabe 3.3 (Seite 22)

```
C   AUFGABE 3.3
        REAL X,F,F1
        INTEGER K
        X = 3
        F = X**2-3
        F1 = 2*X
        WRITE (6,100) X,F,F1
100     FORMAT (1X,8F16.6)
        DO 1 K=1,10,1
        X = X-F/F1
        F = X**2-3
        IF (F .LT. 1E-6 .AND. -F .LT. 1E-6) GO TO 2
        F1 = 2*X
        WRITE (6,100) X,F,F1
1   CONTINUE
        X = 9999
        F = 9999
2   WRITE (6,100) X,F
        STOP
        END
```

Bei dem Newtonschen Iterationsverfahren wird zur Berechnung eines Näherungs-
wertes x_{j+1} nur der unmittelbar vorausgegangene Wert x_j benötigt. Damit braucht
man sich nur einen einzigen Speicherplatz zur Aufnahme der nach und nach
berechneten Näherungswerte x_j reservieren zu lassen.

Falls die Iteration nicht konvergiert und die gewünschte Nullstelle nicht
innerhalb von 10 Schritten gefunden wird, erhalten die Variablen X und F den
Wert 9999 zugewiesen. Hierdurch kann man sich vor einer Fehlinterpretation
schützen. (Die Ausgabe von Klartext wird später erläutert, vgl. Seite 40).

x	f(x)	f'(x)
3.000000	6.000000	6.000000
2.000000	1.000000	4.000000
1.750000	0.062500	3.500000
1.732142	0.000317	3.464285
1.732051	0.0	

← gesuchte Nullstelle

Zu Beispiel 4.1 (Seite 24)

Bei der DO-Schleife gibt es mehrere, gravierende Unterschiede zwischen Fortran 77
und Fortran IV. Vgl. hierzu Anmerkung zur Lösung von Aufgabe 4.1.

Fortran 77	Fortran IV

```
C   BEISPIEL 4.1                    C   BEISPIEL 4.1, ALTERNATIVE LOESUNG
    REAL X,A(0:2),Y                     REAL X,A(3),Y
    INTEGER K,N                         INTEGER J,K,N,N1
    N = 2                               N = 2
    A(0) = -1                           A(1) = -1
    A(1) = 3                            A(2) = 3
    A(2) = 2                            A(3) = 2
    DO 2 X= -1,1.55,0.1                 X = -1
    Y = 0                           2 Y = 0
    DO 1 K=N,0,-1                        N1 = N+1
    Y = Y*X+A(K)                        DO 1 K=1,N1,1
  1 CONTINUE                            J = N1-K+1
    WRITE (6,100) X,Y                   Y = Y*X+A(J)
100 FORMAT (1X,8F16.6)              1 CONTINUE
  2 CONTINUE                            WRITE (6,100) X,Y
    STOP                          100 FORMAT (1X,8F16.6)
    END                                 X = X+0.1
                                        IF (X .LE. 1.55) GO TO 2
                                        STOP
                                        END
```

Bei der Fortran IV-Lösung muß neben der anderen Form der DO-Schleife (s.u.)
beachtet werden, daß der Index für den Vektor A in den Grenzen von 1 bis 3
liegen muß und nicht - wie bei Fortran 77 - zwischen 0 und 2. Die "Index-
verschiebung" wird in der Anweisung

    J = N1-K+1

berücksichtigt. Als Ergebnis erhalten wir aus beiden Programmen:

```
     -1.000000         -2.000000
     -0.900000         -2.080000
     -0.800000         -2.120000
     -0.700000
                        5.479991
      1.299998          6.279985
      1.399998          7.119980
      1.499997          7.999974
```

Zu Aufgabe 4.1 (Seite 30)

Für Fortran IV sind folgende Abweichungen von Fortran 77 bezüglich der
DO-Schleife zu beachten (vgl. Anhang B, Seite 124).

1) Die Laufvariable l, die Grenzen a und e sowie die Schrittweite i müssen
   vom Typ INTEGER sein.

2) Für die Grenzen a, e und die Schrittweite i müssen Variablennamen oder
   Konstanten mit positiven Werten angegeben werden, d.h. arithmetische
   Ausdrücke sind nicht zugelassen.

3) Jede DO-Schleife wird mindestens einmal durchlaufen; in der nachfolgenden
   alternativen Programmlösung muß deshalb eine zusätzliche Abfrage mit dem
   Überspringen der Schleife eingefügt werden.

Fortran 77	Fortran IV

```
C   AUFGABE 4.1                          C   AUFGABE 4.1   ALTERNATIVE LOESUNG
    REAL A(1:3,1:3),B(1:3),X(1:3),H          REAL A(3,3),B(3),X(3),H
    INTEGER J,K,M,N                          INTEGER J,J1,JJ,K,K1,KK,M,N,N1
    N = 3                                    N = 3
    A(1,1) = 1.0                             A(1,1) = 1.0
    A(1,2) = 0.5                             A(1,2) = 0.5
    A(1,3) = 0.3                             A(1,3) = 0.3
    A(2,1) = 0.2                             A(2,1) = 0.2
    A(2,2) = 2.0                             A(2,2) = 2.0
    A(2,3) = 0.4                             A(2,3) = 0.4
    A(3,1) = 0.2                             A(3,1) = 0.2
    A(3,2) = 0.2                             A(3,2) = 0.2
    A(3,3) = 1.0                             A(3,3) = 1.0
    B(1) = 1.0                               B(1) = 1.0
    B(2) = 2.0                               B(2) = 2.0
    B(3) = 3.0                               B(3) = 3.0
    DO 3 K=1,N-1,1                           N1 = N-1
    DO 2 J=K+1,N,1                           DO 3 K=1,N1,1
    H = A(J,K)/A(K,K)                        K1 = K+1
    B(J) = B(J)-H*B(K)                       DO 2 J=K1,N,1
    DO 1 M=K+1,N,1                           H = A(J,K)/A(K,K)
    A(J,M) = A(J,M)-H*A(K,M)                 B(J) = B(J)-H*B(K)
  1 CONTINUE                                 DO 1 M=K1,N,1
  2 CONTINUE                                 A(J,M) = A(J,M)-H*A(K,M)
  3 CONTINUE                               1 CONTINUE
    DO 5 J=N,1,-1                           2 CONTINUE
    DO 4 K=N,J+1,-1                         3 CONTINUE
    B(J) = B(J)-A(J,K)*X(K)                   DO 5 J=1,N,1
  4 CONTINUE                                  JJ = 1+N-J
    X(J) = B(J)/A(J,J)                        IF (JJ .EQ. N) GOTO 51
  5 CONTINUE                                  J1 = JJ+1
    DO 6 J=1,N,1                              DO 4 K=J1,N,1
    WRITE (6,100) X(J)                        KK = J1+N-K
100 FORMAT (1X,8F16.6)                        B(JJ) = B(JJ)-A(JJ,KK)*X(KK)
  6 CONTINUE                                4 CONTINUE
    STOP                                   51 X(JJ) = B(JJ)/A(JJ,JJ)
    END                                    5 CONTINUE
                                             DO 6 J=1,N,1
                                             WRITE (6,100) X(J)
                                           100 FORMAT (1X,8F16.6)
                                           6 CONTINUE
                                             STOP
                                             END
```

Als Ergebnis erhalten wir aus beiden Programmen:

```
        -0.091324
         0.422374
         2.933788
```

<u>Zu Aufgabe 4.2 (Seite 31)</u>

In dem nachfolgenden Programm wird eine neue Form der Ausgabe-Anweisung benutzt, nämlich

```
        WRITE (6,100) (X(I),I=1,N,1),MAX
```

Sie dient dazu, die Komponenten $x_1, \ldots, x_n$ des Vektors X in einer einzigen Schreibanweisung (und damit nebeneinander) auszugeben. Diese Ausgabeform ("implizite DO-Schleife") wird im Abschnitt 5, Seite 43, genauer beschrieben.

```fortran
C  AUFGABE 4.2
       REAL C(3,3),D(3),X(3),H,MAX,ABS
       INTEGER I,K,N,NR
       N = 3
       C(1,1) = 0
       C(1,2) = -0.5
       C(1,3) = -0.3
       C(2,1) = -0.1
       C(2,2) = 0
       C(2,3) = -0.2
       C(3,1) = -0.2
       C(3,2) = -0.2
       C(3,3) = 0
       D(1) = 1
       D(2) = 1
       D(3) = 3
       DO 1 I=1,N,1
       X(I) = 0
   1 CONTINUE
       DO 8888 NR = 1,20,1
       MAX = 0
       DO 3 I=1,N,1
       H = 0
       DO 2 K=1,N,1
       H = H+C(I,K)*X(K)
   2 CONTINUE
       H = H+D(I)
       ABS = H-X(I)
       IF (ABS .LT. 0) ABS = -ABS
       IF (ABS .GT. MAX) MAX = ABS
       X(I) = H
   3 CONTINUE
       WRITE (6,100) (X(I),I=1,N,1),MAX
 100 FORMAT (1X,8F16.6)
       IF (MAX .LT. 0.000005) GOTO 9999
8888 CONTINUE
       DO 4 I=1,N,1
       X(I) = 9999
   4 CONTINUE
9999 DO 5 I=1,N,1
       WRITE (6,100) X(I)
   5 CONTINUE
       STOP
       END
```

Setzen des Anfangsvektors (→ `X(I) = 0`)

Beschränkung des Iterationsverfahrens auf 20 Durchläufe (→ `DO 8888 NR = 1,20,1`)

neue Form zur Ausgabe von Vektorkomponenten (→ `WRITE (6,100) (X(I),I=1,N,1),MAX`)

x_1	x_2	x_3	Fehler
1.000000	0.900000	2.620000	2.620000
-0.235999	0.499600	2.947279	1.235999
-0.133984	0.423943	2.942008	0.102015
-0.094573	0.421056	2.934703	0.039411
-0.090939	0.422153	2.933757	0.003634
-0.091204	0.422369	2.933766	0.000265
-0.091314	0.422378	2.933786	0.000111
-0.091325	0.422375	2.933789	0.000010
-0.091324	0.422375	2.933789	0.000001

-0.091324
0.422375 ← Lösungsvektor
2.933789

Zu Aufgabe 5.1 (Seite 42)

```
      C   AUFGABE 5.1
            INTEGER A,B,C,D,AB,CD,AC,BD,ABCD
            A = 28
            B = 61
            C = 19
            D = 72
            AB = A+B
            CD = C+D
            AC = A+C
            BD = B+D
            ABCD = AB+CD
            WRITE (6,100)
            WRITE (6,101) A,B,AB
            WRITE (6,102) C,D,CD
            WRITE (6,103) AC,BD,ABCD
            STOP
      100 FORMAT (T25,'I  +    -  I'/T23,'--+',9('-'),'+----')
      101 FORMAT (T23,'J I',2I4,' I',I4/T25,'I',9X,'I')
      102 FORMAT (T23,'M I',2I4,' I',I4/T23,'--+',9('-'),'+----')
      103 FORMAT (T25,'I',2I4,' I',I4)
            END
```

```
          I  +    -  I
        --+---------+----
      J I  28   61 I   89
          I           I
      M I  19   72 I   91
        --+---------+----
          I  47  133 I  180
```

Zu Aufgabe 5.2 (Seite 44)

```
       C   AUFGABE 5.2
             REAL A(3,2)
             INTEGER J,K
             DO 2 J=1,3,1
             DO 1 K=1,2,1
             A(J,K) = J+K/10.0
         1 CONTINUE
         2 CONTINUE
             WRITE (6,101)
       101 FORMAT('1')
             WRITE (6,100) A
             WRITE (6,101)
             DO 1111 J=1,3,1
             WRITE (6,100) (A(J,K),K=1,2,1)
      1111 CONTINUE
             WRITE (6,101)
             WRITE (6,100)   ((A(J,K), K=1,2,1), J=1,3,1)
       100 FORMAT (2F4.1)
             STOP
             END
```

a)   WRITE (6,100) A

Die Matrix A ist spaltenweise als Vektor gespeichert. Auf Grund der Formatangabe werden jeweils 2 Werte nebeneinander ausgegeben. Da die Matrix A
drei Zeilen besitzt, wird der dritte Wert des 1. Spaltenvektors in die nächste

Zeile gedruckt und daneben der erste Wert des 2. Spaltenvektors usw.. Die
Anordnung der ausgegebenen Werte gibt nicht die Anordnung in der Matrix A
wieder. Deshalb ist diese Ausgabeform nicht zu empfehlen.

Ausgabe:
```
    1.1 2.1
    3.1 1.2
    2.2 3.2
```

b)   DO 1111 J = 1,3,1

        WRITE (6,100) (A(J,K), K=1,2,1)

   1111 CONTINUE

Jede Zeile der Matrix wird durch eine gesonderte WRITE-Anweisung ausgegeben.
Die Matrixform von A ist unmittelbar erkennbar:

Ausgabe:
```
    1.1 1.2
    2.1 2.2
    3.1 3.2
```

c)   WRITE (6,100) ((A(J,K), K=1,2,1), J=1,3,1)

Bei dieser Anweisung wird dasselbe Druckbild wie bei b) erzeugt. Falls die
Spaltenzahl der Matrix A jedoch nicht mit der Anzahl der Format-Codes übereinstimmt, werden die Matrixelemente (zeilenweise) hintereinander ausgegeben, so
daß die zugehörige Matrixform nicht mehr erkennbar ist. Deshalb ist generell
die Ausgabeweise nach b) zu empfehlen.

Zu Aufgabe 6.1 (Seite 48)

Von der 1. Datenkarte wird nach dem Format-Code I2 der Wert 4 für die Variable N
gelesen. Der Wert von N wird bereits in derselben Eingabeanweisung bei der
impliziten DO-Schleife

        (A(J),J=0,N,1)

benutzt. Es werden also 5 Werte für die Komponenten $a_0,\ldots,a_4$ eingelesen.
Von der ersten Datenkarte werden ab Spalte 5 wegen

        (T5,2F5.1)

die Werte 1.8 und 9.6 für A(0) und A(1) übertragen. (Die Spalten 3 und 4 mit
den beiden Ziffern .6.7. werden überlesen). Da zwar das Format, aber noch nicht
die Eingabeliste abgearbeitet ist, werden nun von der 2. Datenkarte die Werte
-0.3 und 0 (da in dem 2. Feld keine Zahl angegeben ist wird 0 angenommen)
für die Komponenten A(2) und A(3) übertragen. Benutzt wird hierfür die Formatangabe

        (T5,2F5.1)

Von der letzten Datenkarte wird nach derselben Formatangabe die Zahl 1.0 für
die Komponente A(4) gelesen. Da die Eingabeliste damit erschöpft ist, wird die
letzte angegebene Zahl (4.5) ignoriert.

Zu Aufgabe 6.2 (Seite 49)

```
      C   AUFGABE 6.2
            REAL X,M
            INTEGER N
            N = 0
            M = 0
     1111 READ (5,100,END=9999) X
      100 FORMAT (F5.1)
            N = N+1
            M = M+X
            GOTO 1111
     9999 M = M/N
            WRITE (6,101) N,M
      101 FORMAT (' N =',I3,'  MITTELWERT =',F8.2)
            STOP
            END
```

Eingabewerte

Ausgabe-Zeile:

     N = 5 MITTELWERT =   4.82

Die "unendliche" Schleife, die durch

```
 1111 READ(...)

     ...
```

und   GOTO 1111

gebildet wird, kann nur auf Grund der END-Bedingung verlassen werden. Erst
wenn alle Datenkarten eingelesen worden sind, wird beim erneuten Leseversuch
wegen END = 9999 zu der Anweisung mit dieser Statementnummer verzweigt. Hier
wird der Mittelwert bestimmt und zusammen mit der Anzahl der Eingabewerte
(=Anzahl der Eingabe-Karten) ausgedruckt. Anschließend kann das Programm durch
die STOP-Anweisung beendet werden. - Falls versehentlich keine Datenkarten
eingefügt wurden, wird das Programm in der Zeile

```
     9999 M=M/N
```

mit einer Fehlermeldung abgebrochen (Division durch Null wegen N=0).

Zu Aufgabe 7.1 (Seite 55)

Die Variable ZEILE ist in der Länge 1 deklariert, deshalb wird nur das erste
Zeichen der CHARACTER-Konstanten übertragen (d.h. es ist ZEILE = 'K').
Anschließend wird durch die WRITE-Anweisung die folgende Zeile ausgegeben.

```
 TITEL: K
        V
    A   A
```

Durch die READ-Anweisung werden nach dem Format-Code A2 die Buchstaben X,Y
und nach A6 die Buchstaben J,K,L,M,N,O gelesen. Es werden in der Variablen
gespeichert:

    Z | X Y |

    C | L M N O | (die linksstehenden Zeichen J,K werden ignoriert)

Auf Grund der nachfolgenden Ausgabeanweisung wird die Zeile ausgegeben

    XY LM   (die rechts stehenden Zeichen N,O, der Vari-
    A6 A2   ablen C werden abgeschnitten)

Zu Aufgabe 7.2 (Seite 56)	Zu Aufgabe 7.3 (Seite 56)
Fortran 77	Fortran IV

```
AUFGABE 7.2                              C   AUFGABE 7.3
    CHARACTER*20 EIN,STW(100)                INTEGER EIN(20),STW(20,100),
    INTEGER NMAX,ZEIG,J                   *           NMAX,ZEIG,J,K,Z1,J1
    NMAX = 1                                 NMAX = 1
    READ (5,100) STW(1)                      READ (5,100) (STW(K,1),K=1,20)
111 READ (5,100,END=9999) EIN          1111 READ (5,100,END=9999) (EIN(K),K=1,20)
100 FORMAT (A20)                        100  FORMAT (20A1)
    DO 1 ZEIG=1,NMAX,1                       DO 1 Z1=1,NMAX,1
    IF (EIN .LT. STW(ZEIG)) GOTO 22         ZEIG = Z1
  1 CONTINUE                                 DO 10 K=1,20,1
    ZEIG = NMAX+1                            IF (EIN(K) - STW(K,ZEIG)) 2222,10,1
 22 NMAX = NMAX+1                        10  CONTINUE
    DO 2 J=NMAX,ZEIG+1,-1                 1  CONTINUE
    STW(J) = STW(J-1)                        ZEIG = NMAX+1
  2 CONTINUE                            2222 NMAX = NMAX+1
    STW(ZEIG) = EIN                         Z1 = ZEIG+1
    GOTO 1111                                IF (Z1 .GT. NMAX) GOTO 21
999 DO 3 J=1,NMAX,1                         DO 2 J=Z1,NMAX,1
    WRITE (6,101) STW(J)                    J1 = Z1+NMAX-J
101 FORMAT (1X,A20)                          DO 20 K=1,20,1
  3 CONTINUE                                 STW(K,J1) = STW(K,J1-1)
    STOP                                 20  CONTINUE
    END                                   2  CONTINUE
                                         21  DO 22 K=1,20,1
                                             STW(K,ZEIG) = EIN(K)
                                         22  CONTINUE
                                             GOTO 1111
                                        9999 DO 3 J=1,NMAX,1
                                             WRITE (6,101) (STW(K,J),K=1,20,1)
                                        101  FORMAT (1X,20A1)
                                          3  CONTINUE
                                             STOP
                                             END
```

Eingabedaten

```
AUFGABE
BIT
CHARACTER   Ausgabe
FORMAT      (für beide Programme gleich)
INTEGER
REAL
```

<u>Zu Beispiel 7.1 (Seite 58)</u>

```
      C   BEISPIEL 7.1
            CHARACTER Z(0:50),BLANK,STERN
            REAL X,Y,WERTE(100,2),YMIN,YMAX,H
            INTEGER K,L,J,JMAX
            DATA BLANK,Z,STERN /52*' ','*'/,YMIN,YMAX /0,0/
            JMAX = 0
            DO 1 X=-1,1.01,0.05
            JMAX = JMAX+1
            WERTE(JMAX,1) = X
            Y = 16*X**5-20*X**3+5*X
            WERTE(JMAX,2) = Y
            IF (Y .GT. YMAX) YMAX = Y
            IF (Y .LT. YMIN) YMIN = Y
          1 CONTINUE
            H = 50/(YMAX-YMIN)
            DO 2 J=1,JMAX,1
            L = H*(WERTE(J,2)-YMIN)
            Z(L) = STERN
            WRITE (6,100) WERTE(J,1),WERTE(J,2),(Z(K),K=0,50)
        100 FORMAT (1X,F6.2,F8.3,2X,51A1)
            Z(L) = BLANK
          2 CONTINUE
            STOP
            END
```

(Programmausgabe siehe nächste Seite).

Falls kein Fortran 77-Compiler zur Verfügung steht, kann der Typ CHARACTER
nicht benutzt werden. Die Zeichenverschlüsselung muß dann in einem anderen
Variablentyp vorgenommen werden, wofür man zweckmäßigerweise den Typ
INTEGER verwendet.

```
      C   BEISPIEL 7.1, ALTERNATIVE LOESUNG
            REAL X,Y,WERTE(100,2),YMIN,YMAX,H
            INTEGER K,L,J,JMAX,Z(51),BLANK,STERN
            DATA BLANK,(Z(K),K=1,51),STERN /52*' ','*'/,
           *        YMIN,YMAX /0., 0./
            JMAX = 0
            X = -1
          1 JMAX = JMAX+1
            WERTE(JMAX,1) = X
            Y = 16*X**5-20*X**3+5*X
            WERTE(JMAX,2) = Y
            IF (Y .GT. YMAX) YMAX = Y
            IF (Y .LT. YMIN) YMIN = Y
            X = X+0.05
            IF ( X .LT. 1.01) GOTO 1
            H = 50/(YMAX-YMIN)
            DO 2 J=1,JMAX,1
            L = 1+H*(WERTE(J,2)-YMIN)
            Z(L) = STERN
            WRITE (6,100) WERTE(J,1),WERTE(J,2),(Z(K),K=1,51)
        100 FORMAT (1X,F6.2,F8.3,2X,51A1)
            Z(L) = BLANK
          2 CONTINUE
            STOP
            END
```

```
-1.00   -1.000   *
-0.95    0.017
-0.90    0.632
-0.85    0.933
-0.80    0.997
-0.75    0.891
-0.70    0.671
-0.65    0.386
-0.60    0.076
-0.55   -0.228
-0.50   -0.500
-0.45   -0.723
-0.40   -0.884


 0.40    0.884
 0.45    0.723
 0.50    0.500
 0.55    0.228
 0.60   -0.076
 0.65   -0.386
 0.70   -0.671
 0.75   -0.891
 0.80   -0.997
 0.85   -0.933
 0.90   -0.632
 0.95   -0.017
 1.00    1.000
```

Zu Beispiel 8.1 (Seite 62)

Das alternative Programm zu Beispiel 7.1 wurde an den gekennzeichneten
Stellen geändert, weil das Tschebyscheff-Polynom als "Statement-Funktion"
(oder "Formelfunktion") angegeben ist. Das Programm liefert dieselbe
Ausgabe wie Beispiel 7.1, die deshalb nicht nochmals angegeben wird.

```
C   BEISPIEL 8.1 MIT STATEMENT-FUNKTION
      REAL X,Y,WERTE(100,2),YMIN,YMAX,H,X1,FKT
      INTEGER K,L,J,JMAX,Z(51),BLANK,STERN
      DATA BLANK,(Z(K),K=1,51),STERN /52*' ','*'/,
     *      YMIN,YMAX /0., 0./
      FKT(X1) = 16*X1**5-20*X1**3+5*X1
      JMAX = 0
      X = -1
    1 JMAX = JMAX+1
      WERTE(JMAX,1) = X
      Y = FKT(X)
      WERTE(JMAX,2) = Y
      IF (Y .GT. YMAX) YMAX = Y
      IF (Y .LT. YMIN) YMIN = Y
      X = X+0.05
      IF ( X .LT. 1.01) GOTO 1
      H = 50/(YMAX-YMIN)
      DO 2 J=1,JMAX,1
      L = 1+H*(WERTE(J,2)-YMIN)
      Z(L) = STERN
      WRITE (6,100) WERTE(J,1),WERTE(J,2),(Z(K),K=1,51)
  100 FORMAT (1X,F6.2,F8.3,2X,51A1)
      Z(L) = BLANK
    2 CONTINUE
      STOP
      END
```

Änderungen
gegenüber
Beispiel 7.1,
alternative Lösung
(für Fortran IV)

(Es erfolgt dieselbe Druckausgabe wie für Beispiel 7.1).

<u>Zu Beispiel 8.2 (Seite 64)</u>

```
      C  BEISPIEL 8.2
            REAL X,Y,A(0:5)
            INTEGER J
            DATA (A(J),J=0,5,1) /0., 5., 0., -20., 0., 16./
            DO 1 X=-1,1.05,0.1
            WRITE (6,100) X,Y(X,A,5)
       100 FORMAT (1X,F6.2,F8.3)
         1 CONTINUE
            STOP
            END
```
       Hauptprogramm

```
            REAL FUNCTION Y(X1,A1,N1)
            REAL X1,A1(0:N1),S
            INTEGER N1,J
            S = 0
            DO 1 J=N1,0,-1
            S = S*X1+A1(J)
         1 CONTINUE
            Y = S
            RETURN
            END
```
       Funktionsunterprogramm

```
        -1.00    -1.000
        -0.90     0.632
        -0.80     0.997
        -0.70     0.671
```
    Ausgabe der
```
         0.50     0.500
         0.60    -0.076
         0.70    -0.671
         0.80    -0.997
         0.90    -0.632
         1.00     1.000
```
    Ergebnisse

<u>Hinweis:</u> Für die korrekte Übergabe des Vektors A als aktuellem Parameter an das
Unterprogramm Y ist es wichtig, daß bereits für den formalen
Parameter A1 in der Deklarationsphase des Unterprogramms die untere
Indexgrenze 0 angegeben wird. (Vgl. Abschnitt 9, Seite 71)

<u>Zu Beispiel 8.3 (Seite 67)</u>

Für den Programmlauf wurde als Integrationsintervall $[0,\ 1]$ gewählt. Der
ermittelte Näherungswert 1,00 für den Integralwert $(=1-\frac{1}{6})$ liegt innerhalb der
Fehlerabschätzung (vgl. Hinweis zu Aufgabe 8.1, nächste Seite).

```
      C  BEISPIEL 8.3
            REAL A,B,INT,F,W
            EXTERNAL F
            A = 0
            B = 1
            W = INT(A,B,F)
            WRITE (6,100) W
       100 FORMAT (1X,F6.2)
            STOP
            END
```
    Hauptprogramm[+)]

[+)]Von einigen Compilern wird die (unten angegebene) Funktion INT mit der
INTRINSIC-Funktion gleichen Namens (vgl. 127) verwechselt. Um der
Verwechslung vorzubeugen, kann man sie in dem EXTERNAL-Statement aufführen.

```
REAL FUNCTION F(X)
REAL X
F = X**2-X+1          Funktionsunterprogramm F
RETURN
END
```

```
REAL FUNCTION INT(X1,X2,FKT)
REAL X1,X2,FKT
INT = (FKT(X1)+FKT(X2))*(X2-X1)/2    Funktionsunterprogramm INT
RETURN
END
```

1.00   ⟵————————————   ausgedrucktes Ergebnis

Zu Aufgabe 8.1 (Seite 67)

1) Wir wollen zunächst überlegen, wie viele Teilintervalle zu wählen sind, um
den Fehler der Näherung in die gewünschte Größenordnung herabzudrücken.

Für jedes Teilintervall T_i der Länge $h = \frac{b-a}{n}$ kann man den Integrationsfehler R_i abschätzen:

$$|R_i| < \frac{h^3}{12} \cdot \max_{T_i} \ |f''(x)|$$

Für den gesamten Integrationsfehler R gilt:

$$|R| < \sum_i |R_i| < \frac{h^3}{12} \cdot \max_{[a,b]} \ |f''(x)| \cdot \sum_i 1$$

$$< \frac{(b-a)^3}{12 \cdot n^2} \cdot \max_{[a,b]} \ |f''(x)|$$

Als 2. Ableitung erhält man

$$f''(x) = 40 \cdot (8x^3 - 3x)$$

und hieraus die Abschätzung

$$\max_{[-1,1]} |f''(x)| < 200$$

Da der Integrationsfehler höchstens 10^{-6} betragen soll, folgt aus der
recht groben Abschätzung

$$\frac{2^3}{12 \cdot n^2} \cdot 200 \overset{!}{<} 10^{-6}$$

die Forderung $n > 6000$. Da sich bei 6000 Additionen der Rundungsfehler bei
einfacher Genauigkeit bereits zu weit aufgeschaukelt haben kann,[+)] müssen
wir für die Größen im Programm die doppelte Genauigkeit wählen.

[+)] Bei Genauigkeit von 6-7 Ziffern, vgl. Anhang A, Seite 121.

2) Andererseits kann man das Integral leicht "von Hand" lösen, da gilt:

$$\int_{-1}^{1} f(x)\,dx = \frac{16}{6} x^6 - \frac{20}{4} x^4 + \frac{5}{2} x^2 \Big|_{-1}^{1} = 0$$

Hieran kann man sich folgendes verdeutlichen: Es lohnt sich auch in anderen
Fällen, Symmetrie-Eigenschaften von Funktionen zu berücksichtigen, um die
Rechenzeit zu reduzieren oder sogar zu annullieren (s.o.!). Gleichfalls
lohnt sich eine schärfere Fehlerabschätzung, da hierdurch die Intervall-
unterteilungen reduziert werden können.

```
C   AUFGABE 8.1
      DOUBLE PRECISION INTEGR,F,TRAPEZ
      INTEGER N
      EXTERNAL F
      N = 6000
      INTEGR = TRAPEZ(-1D0,1D0,F,N)
      WRITE (6,100) N,INTEGR
  100 FORMAT (1X,I6,F20.15)
      STOP
      END
```
Hauptprogramm

```
      DOUBLE PRECISION FUNCTION F(X)
      DOUBLE PRECISION X
      F = 16*X**5-20*X**3+5*X
      RETURN
      END
```
Funktions-
unterprogramm F

```
      DOUBLE PRECISION FUNCTION TRAPEZ(A,B,FKT,N)
      DOUBLE PRECISION A,B,FKT,S,H,X
      INTEGER N
      H = (B-A)/N
      S = (FKT(A)+FKT(B))/2
      DO 1 X=A+H,B-H*0.5,H
      S = S+FKT(X)
    1 CONTINUE
      TRAPEZ = S*H
      RETURN
      END
```
Funktions-
unterprogramm
TRAPEZ

```
   6000   -0.000000000000018
```
⟵ Ausgabe von N und des
   Integralwertes INTEGR

Zu Aufgabe 9.1 (Seite 70)

Die nachfolgende Lösung A wurde so angegeben, wie sie auch in Fortran IV
möglich ist. Dabei gestaltet sich gerade die Abhängigkeit des Programmlaufs
von gewissen berechneten Werten und die damit verbundenen Sprunganweisungen
als sehr unübersichtlich. Es wird deshalb noch eine Lösung B zu der gestellten
Aufgabe angeführt, die einige zusätzliche Anweisungen in Fortran 77 ausnutzt.
Diese zusätzlichen Anweisungen erlauben ein "blockorientiertes" Programmieren,
wie es in den Programmiersprachen wie etwa in ALGOL oder SIMULA möglich ist.-
Man muß sich aber bewußt sein, daß Fortran 77 damit nicht die Klarheit der
beiden anderen Programmiersprachen erreicht.

Lösung A (im Sprachumfang von Fortran IV)

```
      C   AUFGABE 9.1, LOESUNG A
            INTEGER N
            REAL A,B,F,XNST
            EXTERNAL F
            A = 0
            B = 1.570796
            CALL HALB (A,B,F,XNST,N)
            IF (N .EQ. 0) WRITE (6,100) XNST
        100 FORMAT (' NULLSTELLE GEFUNDEN:',F10.6)
            STOP
            END

            REAL FUNCTION F(X)
            F = SIN(X)-0.2
            RETURN
            END

            SUBROUTINE HALB(A,B,FKT,X,N)
            REAL A,B,FKT,Y,Y1,Y2,X1,X2
            INTEGER N
            N = -1
            X1 = A
            X2 = B
            Y1 = FKT(A)
            WRITE (6,100) A,Y1
            Y2 = FKT(B)
            WRITE (6,101) B,Y2
            IF (Y1*Y2 .GT. 0) GOTO 2222
       1111 X = (X1+X2)*0.5
            Y = FKT(X)
            IF (ABS(Y) .GT. 1.E-5) GOTO 1
            N = 0
            RETURN
          1 IF (Y*Y1 .LT. 0) GOTO 2
            X1 = X
            WRITE (6,100) X1,Y
            GOTO 1111
          2 X2 = X
            WRITE (6,101) X2,Y
            GOTO 1111
       2222 WRITE (6,102)
            RETURN
        100 FORMAT (1X,2F10.6)
        101 FORMAT (23X,2F10.6)
        102 FORMAT (' FUNKTION BESITZT FUER INTERVALLENDEN'
           *           ' GLEICHES VORZEICHEN')
            END
```

Werte der linken Intervallgrenze		Werte der rechten Intervallgrenze	
0.0	-0.200000		
		1.570796	0.800000
		0.785398	0.507107
		0.392699	0.182683
0.196350	-0.004910		
		0.201718	0.000353
0.201335	-0.000023		
		0.201527	0.000165
		0.201431	0.000071
		0.201383	0.000024

NULLSTELLE GEFUNDEN: 0.201359

Lösung B (mit Elementen von Fortran 77)

Da sich nur das Unterprogramm HALB gegenüber der Lösung A unterscheidet, wird
nur diese Subroutine angegeben. Die neuen, bisher nicht erläuterten Anweisungen
sind durch Pfeile gekennzeichnet; sie werden anschließend erklärt.

```
      SUBROUTINE HALB(A,B,FKT,X,N)
      REAL A,B,FKT,X,X1,X2,Y,Y1,Y2
      INTEGER N
      N = -1
      Y1 = FKT(A)
      WRITE (6,100) A,Y1
      Y2 = FKT(B)
      WRITE (6,101) B,Y2
      X1 = A
      X2 = B
      IF (Y1*Y2 .GT. 0) THEN                    <------------------
        WRITE (6,102)
        RETURN
      ELSE                                       <------------------
1111     X = (X1+X2)*0.5
         Y = FKT(X)
         IF (ABS(Y) .LT. 1.E-5) THEN   <------------------
            N = 0
            RETURN
         ELSE                                    <------------------
            IF (Y*Y1 .GT. 0) THEN               <------------------
               X1 = X
               WRITE (6,100) X1,Y
               GOTO 1111
            ELSE                                 <------------------
               X2 = X
               WRITE (6,101) X2,Y
               GOTO 1111
            END IF                               <------------------
         END IF                                  <------------------
      END IF
  100 FORMAT (1X,2F10.6)
  101 FORMAT (23X,2F10.6)
  102    FORMAT (' FUNKTION BESITZT FUER INTERVALLENDEN'
     *           ' GLEICHES VORZEICHEN')
      END
```

In der Subroutine HALB sind die folgenden 3 neuen Anweisungen benutzt:

```
      IF (la) THEN

      ELSE

      END IF
```

Hierüber hinaus gibt es noch die Anweisung

```
      ELSE IF (la) THEN
```

Obwohl man nicht den Eindruck hat, daß es sich hierbei um "Anweisungen"
handelt, werden sie in der Sprachspezifikation von Fortran 77 als solche
ausgewiesen: Sie dienen dazu, Folgen von Anweisungen zu Blöcken zusammen-
zufassen[+), d.h. einzuleiten oder zu begrenzen. Die Blöcke werden in
Abhängigkeit von den logischen Ausdrücken la ausgeführt. Im einzelnen haben
sie im Zusammenspiel zueinander folgende Wirkung:

____
[+)Man spricht deshalb auch von der "Block-IF-Anweisung".

Fortran 77	Fortran IV-Möglichkeit:

a)
```
     IF (la) THEN                    IF (.NOT. la) GOTO 1111
          s                               s
     END IF                     1111 CONTINUE
     ...                             ...
```

Falls der logische Ausdruck la den Wert .TRUE. besitzt, wird die Folge s
von Anweisungen ausgeführt.

b)
```
     IF (la) THEN                    IF (.NOT. la) GOTO 1111
          s_1                             s_1
                                         GOTO 2222
     ELSE                       1111 CONTINUE
          s_2                             s_2
     END IF                     2222 CONTINUE
     ...                             ...
```

Falls der logische Ausdruck la den Wert .TRUE. besitzt, wird die Folge s_1
von Anweisungen ausgeführt und die Anweisungen s_2 werden übersprungen.
Falls er den Wert .FALSE. besitzt, werden die Anweisungen s_1 übersprungen
und die Folge s_2 von Anweisungen ausgeführt. Die Folgen von Anweisungen
(oben angedeutet durch s, s_1 und s_2) dürfen ihrerseits wieder Block-IF-
Anweisungen in der Form a) oder b) besitzen. Man darf also IF-Blöcke
ineinander schachteln. Dabei kann man den jeweils inneren Block beim Ablochen
des Programms etwas einrücken, um die Bedingungsstruktur für die Ausführung
der einzelnen Blöcke für den menschlichen Leser deutlicher zu machen. Dies
wurde in der obigen Lösung B bereits ausgenutzt.

c)
```
   IF (la_1) THEN                      IF (.NOT. la_1) GOTO 1111
        s_1                                 s_1
                                           GOTO nnnn
   ELSE IF (la_2) THEN            1111 IF (.NOT. la_2) GOTO 2222
        s_2                                 s_2
                                           GOTO nnnn
   ELSE IF (la_3) THEN            2222 IF (.NOT. la_3) GOTO 3333
        s_3                                 s_3
                                           GOTO nnnn
   ...                           3333 ...
   ELSE IF (la_n) THEN           9999 IF (.NOT. la_n) GOTO nnnn
        s_n                                 s_n
   END IF                        nnnn CONTINUE
   ...                                  ...
```

Falls der erste logische Ausdruck la_1 den Wert .TRUE. besitzt, wird die
Folge s_1 von Anweisungen ausgeführt und anschließend das Programm mit der
Anweisung nach dem obigen END-IF-Statement fortgesetzt.

Falls jedoch der logische Ausdruck la_1 den Wert .FALSE. besitzt, wird die
Anweisungsfolge s_1 übersprungen und in der ersten ELSE-Anweisung der logische
Ausdruck la_2 ausgewertet. Besitzt er den Wert .TRUE., wird die Anweisungsfolge s_2 ausgeführt und anschließend das Programm nach der END-IF-Anweisung
fortgesetzt. Besitzt er dagegen den Wert .FALSE., wird die Anweisungsfolge s_2
übersprungen und zur nächsten ELSE-IF-Anweisung verzweigt. Entsprechend wird
mit den übrigen ELSE-IF-Anweisungen verfahren. – Selbstverständlich kann bei
jeder der Anweisungsfolgen s, s_1,..., s_n, jede der 3 Anweisungsformen auf-
treten, wie sie oben unter a) bis c) beschrieben wurden.

Man kann die 3 verschiedenen Anweisungsformen auch folgendermaßen
charakterisieren:

Form a) Ausführung der Anweisungen s auf Grund einer Bedingung la.

Form b) Ausführung einer Alternative (s_1 oder s_2) in Abhängigkeit
von einem logischen Ausdruck la.

Form c) Es wird eine Fallunterscheidung getroffen (gegeben durch die
logischen Ausdrücke la_1, la_2,..., la_n); dementsprechend wird
eine der Anweisungsfolgen s_1, s_2,..., s_n ausgeführt.

Zu Aufgabe 9.2 (Seite 73)

Durch die in der Aufgabe genannte Forderung, daß das gegebene Gleichungssystem nicht durch das Unterprogramm verändert werden soll, müssen in der
Subroutine GAUSS die Hilfsgrößen Al und Bl deklariert werden und es muß
eine Umspeicherung der Ausgangsfelder in diese Hilfsfelder vorgenommen
werden. Dabei können die Indexgrenzen der Hilfsfelder nicht variabel
gehalten sein (dies wäre nur möglich, wenn sie zusätzlich als Parameter
übergeben würden).

```
C   AUFGABE 9.2
      REAL A(20,20),B(20),X(20)
      INTEGER N,J,K
      LOGICAL LOESB
      READ (5,100) N
      WRITE (6,100) N
  100 FORMAT (I5)
      DO 1 J=1,N,1
      READ (5,101) (A(J,K),K=1,N,1),B(J)
      WRITE (6,101) (A(J,K),K=1,N,1),B(J)
  101 FORMAT (8F10.3)
    1 CONTINUE
      CALL GAUSS(N,A,B,X,LOESB)
      IF (.NOT. LOESB) STOP
      WRITE (6,103) (X(J),J=1,N,1)
  103 FORMAT (' DER LOESUNGSVEKTOR HAT DIE WERTE:'//
     *          7(F10.5,2X))
      STOP
      END
```

```fortran
      SUBROUTINE GAUSS(N,A,B,X,L)
      REAL A(20,20),B(20),X(20),A1(20,20),B1(20),H
      LOGICAL L
      INTEGER J,K,N
      DO 2 J=1,N,1
      DO 1 K=1,N,1
      A1(J,K) = A(J,K)
    1 CONTINUE
      B1(J) = B(J)
    2 CONTINUE
      DO 8888 J=1,N,1
      J1 = J
      H = ABS(A1(J,J))
      DO 3 J2=J+1,N,1
      IF (ABS(A1(J2,J)) .LE. H) GOTO 3
      H = ABS(A1(J2,J))
      J1 = J2
    3 CONTINUE
      IF (H .GT. 1.E-5) GOTO 4
      L = .FALSE.
      WRITE (6,100)
  100 FORMAT (' MATRIX SINGULAER')
      RETURN
    4 DO 5 K=J,N,1
      H = A1(J,K)
      A1(J,K) = A1(J1,K)
      A1(J1,K) = H
    5 CONTINUE
      H = B1(J)
      B1(J) = B1(J1)
      B1(J1) = H
      H = 1./A1(J,J)
      DO 6 K=J,N,1
      A1(J,K) = A1(J,K)*H
    6 CONTINUE
      B1(J) = B1(J)*H
      DO 8 J2=J+1,N,1
      DO 7 K=J+1,N,1
      A1(J2,K) = A1(J2,K)-A1(J,K)*A1(J2,J)
    7 CONTINUE
      B1(J2) = B1(J2)-B1(J)*A1(J2,J)
    8 CONTINUE
 8888 CONTINUE
      L = .TRUE.
      DO 10 J=N,1,-1
      X(J) = B1(J)
      DO 9 K=N,J+1,-1
      X(J) = X(J)-A1(J,K)*X(K)
    9 CONTINUE
   10 CONTINUE
      RETURN
      END
```

Annotationen (rechts neben dem Programm):

- Umspeichern auf die Hilfsfelder A1 und B1
- Suchen des Pivot-Elements
- Pivot-Element zu klein; Matrix singulär
- Pivot-Element unterhalb der Diagonalen; Vertauschung der Zeilen erforderlich
- Diagonalelement zu 1 normieren
- Matrix auf Dreiecksform bringen
- Gleichungssystem lösbar
- Bestimmen der einzelnen Komponenten des Lösungsvektors

```
   3
   0.200      0.200      1.000  |  3.000
   1.000      0.500      0.300  |  1.000     eingegebene Werte
   0.200      2.000      0.400  |  2.000
DER LOESUNGSVEKTOR HAT DIE WERTE:

  -0.09132     0.42237     2.93379  ◄——— Ergebnisvektor X
```

+) Das Unterprogramm GAUSS benutzt die DO-Anweisung, wie sie in Fortran 77 gegeben ist. Für Fortran IV sind Änderungen erforderlich (vgl. Anmerkungen zu Lösung von Aufgabe 4.1, Seite 1oo).

<u>Zu Aufgabe 12.1 (Seite 90)</u>

Das Programm wurde um einige Ausgabeanweisungen für die Druckausgabe erweitert, um das "Sortieren durch Einfügen" leichter nachvollziehbar zu machen.

Durch entsprechende Steuerkarten ("Job-Control-Karten") wurden den logischen Einheiten 1 und 2 die bestehenden Dateien MO7A.DAT1 und MO7A.DAT2 zugeordnet und für die Ausgabe der logischen Einheit 3 die neu zu erstellende Datei MO7A.DAT3

Fortran 77	Fortran IV

```
C   AUFGABE 12.1                         C   AUFGABE 12.1, ALTERNATIVE LOESUNG
      INTEGER N1,N2                             INTEGER N1,N2,T1(40),T2(40)
      LOGICAL E1,E2,SCH                         LOGICAL E1,E2,SCH
      DATA E1,E2,SCH/3*.FALSE./                 DATA E1,E2,SCH/3*.FALSE./
      CHARACTER T1*40,T2*40              1111 READ (1,100,END=4444) N1,T1
      OPEN(1)                                   WRITE (6,101) N1
      OPEN(2)                                   IF (SCH) GOTO 3333
      OPEN(3)                                   SCH = .TRUE.
 1111 READ (1,100,END=4444) N1,T1       2222 READ (2,100,END=5555) N2,T2
      WRITE (6,101) N1                          WRITE (6,102) N2
      IF (SCH) GOTO 3333                 3333 IF (.NOT. E1) GOTO 1
      SCH = .TRUE.                              WRITE (3,100) N2,T2
 2222 READ (2,100,END=5555) N2,T2              WRITE (6,103) N2
      WRITE (6,102) N2                          GOTO 2222
 3333 IF (E1) THEN                          1 IF (.NOT. E2) GOTO 2
      WRITE (3,100) N2,T2                       WRITE (3,100) N1,T1
      WRITE (6,103) N2                          WRITE (6,103) N1
      GOTO 2222                                 GOTO 1111
      END IF                                2 IF (N1 .GE. N2) GOTO 3
      IF (E2) THEN                              WRITE (3,100) N1,T1
      WRITE (3,100) N1,T1                       WRITE (6,103) N1
      WRITE (6,101) N1                          GOTO 1111
      GOTO 1111                             3   WRITE (3,100) N2,T2
      END IF                                    WRITE (6,103) N2
      IF (N1 .LT. N2) THEN                      GOTO 2222
      WRITE (3,100) N1,T1               4444 E1 = .TRUE.
      WRITE (6,101) N1                          IF (E2) GOTO 9999
      GOTO 1111                                 GOTO 3333
      ELSE                              5555 E2 = .TRUE.
      WRITE (3,100) N2,T2                       IF (.NOT. E1) GOTO 3333
      WRITE (6,102) N2                  9999 STOP
      GOTO 2222                          100 FORMAT (I5,40A1)
      END IF                            101 FORMAT (1X,I5)
 4444 E1 = .TRUE.                       102 FORMAT (10X,I5)
      IF (E2) GOTO 9999                 103 FORMAT (5X,I5)
      GOTO 3333                                 END
 5555 E2 = .TRUE.
      IF (.NOT. E1) GOTO 3333
 9999 CLOSE(1)
      CLOSE(2)
      CLOSE(3)
      STOP
  100 FORMAT (I5,A40)
  101 FORMAT (1X,I5)
  102 FORMAT (10X,I5)
  103 FORMAT (5X,I5)
      END
```

Bei dem benutzten Fortran-IV-Compiler ist ein Eröffnen der Datei nicht erforderlich; dies wird automatisch bei der ersten Eingabeanweisung vorgenommen. Ebenso ist ein Schließen der Datei nicht erforderlich.

Beide Programme liefern dieselben Ergebnisse.

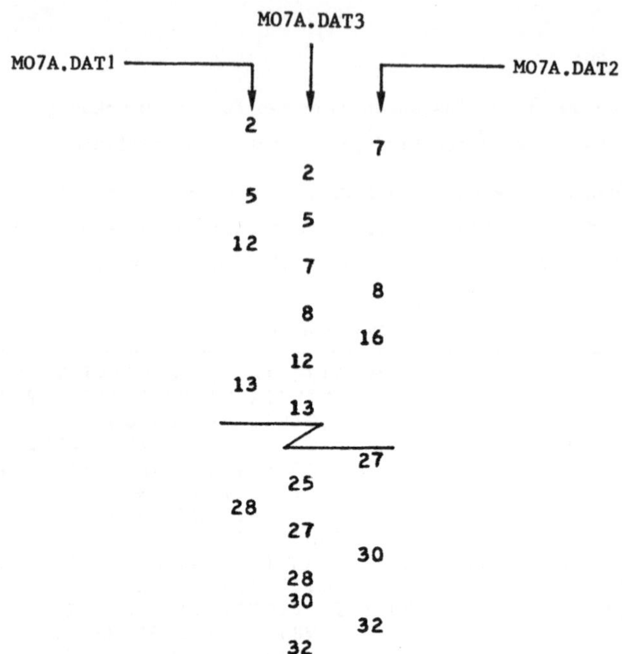

Zu Aufgabe 12.2 (Seite 92)

In dem nachfolgenden Lösungsvorschlag wurden die beiden Dateien als Direktzugriffsdateien organisiert. Um anzudeuten, daß man nicht beide Dateien synchron zu lesen braucht, wurden die Satzadressen (NR1 und NR2) in der jeweils anderen Datei mit abgespeichert.

```
C   AUFGABE 12.2
        INTEGER NR,NR1,NR2,NRMAX
        REAL GEH,ABZ
        CHARACTER NAME*20,ANSCHR*20
        OPEN (1,ACCESS='DIRECT',FORM='FORMATTED',RECL=45)
        OPEN (2,ACCESS='DIRECT',FORM='FORMATTED',RECL=45)
        NR = 2
        READ (2,100,REC=1) NRMAX
        NRMAX = NRMAX+1
   1111 IF (NR .GT. NRMAX) STOP
        READ (2,100,REC=NR) NR1,GEH,ABZ
    100 FORMAT (I5,2F10.2)
        READ (1,101,REC=NR1) NR2,NAME,ANSCHR
    101 FORMAT (I5,2A20)
        WRITE (6,102) NAME,ANSCHR,GEH,ABZ
    102 FORMAT (1X,A20/1X,A20/1X,2F10.2/)
        NR = NR+1
        GOTO 1111
        END
```

Die Angabe der Recordlänge in Bytes ist bei dem benutzten Compiler für Direkt-Zugriffs-Dateien erforderlich.

```
MUELLER
KAISENSTR. 1
   2475.50      380.60

MEYER
OHMSTR. 20
   1280.20      250.30
```

Ausgabebeispiel

Neben dem obigen Programm, das Anweisungen aus dem Standard Fortran 77 benutzt, gibt es für Fortran-IV-Compiler andere, nicht standardisierte Anweisungen für den direkten Datenzugriff. Hierzu zählen z.B. die Anweisungen READ DISC und WRITE DISC, die den allgemeinen Aufbau haben:

>   READ DISC u,w,Eingabeliste
>   WRITE DISC u,w,Ausgabeliste

dabei stehen

>   u für die Nummer der logischen Einheit und
>   w für die Adresse für die Ein-/Ausgabeliste, gewählt in Worten
>   ab Beginn der Datei

Man greift also nicht auf den Datensatz direkt zu, sondern kann ein beliebiges "Datum" von einer beliebigen Stelle her lesen bzw. an eine beliebige Stelle schreiben. - Die Benutzung eines Formats ist nur in Verbindung mit den Anweisungen DECODE und ENCODE (vgl. Abschnitt 13) möglich. Da die Anweisung READ DISC eine Abfrage auf das Datei-Ende nicht zuläßt, müssen wir die Zahl der gespeicherten Anschriften bzw. "Datensätze" selbst verwalten. Wir können dies tun, indem wir deren Zahl (NMAX) z.B. auf dem 1. Platz abspeichern, adressiert durch den Wert 0, dem der 1. Platz entspricht.[+]

```
C   AUFGABE 12.2, ALTERNATIVE LOESUNG
      REAL GEH,ABZ
      INTEGER NR,NR1,NR2,NAME(5),ANSCHR(5),J,NMAX
      NR = 0
      READ DISC 2,0,NMAX
 1111 IF (NR .GE. NMAX) STOP
      READ DISC 2,NR*3+1,NR1,GEH,ABZ
      READ DISC 1,NR1,NR2,(NAME(J),J=1,5),(ANSCHR(J),J=1,5)
      WRITE (6,102) (NAME(J),J=1,5),(ANSCHR(J),J=1,5),GEH,ABZ
      NR = NR+1
      GOTO 1111
  102 FORMAT (1X,5A4/1X,5A4/1X,2F10.2/)
      END
```

(Bei entsprechenden Dateien für die logischen Einheiten 1 und 2 liefern beide Programme zu Aufgabe 12.2 dieselben Ergebnisse).

Zu Beispiel 13.1 (Seite 93)

```
C   BEISPIEL 13.1
      CHARACTER KA*1,REST*79,A/'A'/,G/'G'/,Z/'Z'/,
     *           NAME*20,ADR1*20,ADR2*20
      REAL GEH,ABZ,ZUL,UEB,STD
 1111 READ (5,100,END=2222) KA,REST
```

[+] An Stelle der Anweisungen READ DISC und WRITE DISC benutzen einige Fortran IV-Compiler die Anweisungen

>   READ (u'n) Eingabeliste   } u:Eingabeeinheit, n:Satzadresse
>   WRITE (u'n) Ausgabeliste   }

Die Einheiten u müssen zu Programmbeginn (nach den Deklarationen) als Direkt-Zugriffsdateien beschrieben sein. Hierzu dient die DEFINE-FILE-Anweisung in der Form

>   DEFINE FILE u (Steuerparameter)

```
      IF (KA .EQ. A) THEN
         READ (REST,101) NAME,ADR1,ADR2
         WRITE (6,111) NAME,ADR1,ADR2
      ELSE IF (KA .EQ. G) THEN
         READ (REST,102) GEH,ABZ
         WRITE (6,112) GEH,ABZ
      ELSE IF (KA .EQ. Z) THEN
         READ (REST,103) ZUL,UEB,STD
         WRITE (6,113) ZUL,UEB,STD
      ELSE IF (KA .NE. Z) THEN
         WRITE (6,114) KA,REST
      END IF
      GOTO 1111
 2222 STOP
  100 FORMAT (A1,A79)
  101 FORMAT (3A20)
  102 FORMAT (F8.2,F7.2)
  103 FORMAT (F6.2,F4.1,F5.2)
  111 FORMAT (1X,A20)
  112 FORMAT (20X,2F10.2)
  113 FORMAT (40X,3F10.2)
  114 FORMAT (' FEHLERHAFTE EINGABE: ',A1,A79)
      END
MUELLER
KAISENSTR. 1
28 BREMEN 1

                    2475.50        380.60
MEIER
OHMSTR. 20
28 BREMEN 33

                    1280.20        250.30
                                   50.25        15.20        2.00
```

Zu Aufgabe 13.1 (Seite 95)

```
C  AUFGABE 13.1
      INTEGER KA,REST(20),A/'A'/,G/'G'/,Z/'Z'/,
     *            NAME(5),ADR1(5),ADR2(5),J
      REAL GEH,ABZ,ZUL,UEB,STD
 1111 READ (5,100,END=2222) KA,(REST(J),J=1,20)
      IF (KA .NE. A) GOTO 1
      DECODE (60,101,REST) (NAME(J),J=1,5),(ADR1(J),J=1,5),
     *                     (ADR2(J),J=1,5)
      WRITE (6,111) (NAME(J),J=1,5),(ADR1(J),J=1,5),(ADR2(J),J=1,5)
      GOTO 1111
    1 IF (KA .NE. G) GOTO 2
      DECODE (15,102,REST) GEH,ABZ
      WRITE (6,112) GEH,ABZ
      GOTO 1111
    2 IF (KA .NE. Z) GOTO 9999
      DECODE (15,103,REST) ZUL,UEB,STD
      WRITE (6,113) ZUL,UEB,STD
      GOTO 1111
 2222 STOP
C  ****  FEHLERBEHANDLUNG  ****
 9999 WRITE (6,114) KA,(REST(J),J=1,20)
      GOTO 1111
  100 FORMAT (A1,19A4,A3)
  101 FORMAT (15A4)
  102 FORMAT (F8.2,F7.2)
  103 FORMAT (F6.2,F4.1,F5.2)
  111 FORMAT (1X,5A4)
  112 FORMAT (20X,2F10.2)
  113 FORMAT (40X,3F10.2)
  114 FORMAT (' FEHLERHAFTE EINGABE: ',A1,19A4,A3)
      END
```

(Ausgabe wie bei Beispiel 13.1.)

Anhang A

Interne Zahlendarstellung

Die interne Speicherung von Zahlen (Typ INTEGER oder REAL) ist von Rechenanlage zu Rechenanlage verschieden. Es soll deshalb hier nur das Speicherungsprinzip mit den daraus resultierenden Konsequenzen dargestellt werden. Für weitergehende Einzelheiten sei auf die entsprechenden Maschinen-Handbücher verwiesen. (Die beschriebene Speicherung von Zahlen gilt für Rechenanlagen der Firmen CII, FUJITSU, IBM, ICL (System 4), Rank Xerox und Siemens).

I. Ganze Zahlen (Typ INTEGER)

Jede ganze Zahl kann man als Dualzahl darstellen, z.B.

$$59_{dezimal} = \underline{1} \cdot 2^5 + \underline{1} \cdot 2^4 + \underline{1} \cdot 2^3 + \underline{0} \cdot 2^2 + \underline{1} \cdot 2^1 + \underline{1} \cdot 2^0$$

$$= 111011_{dual}$$

Die Ziffernfolge der Dualzahl wird rechtsbündig in dem Wort gespeichert:

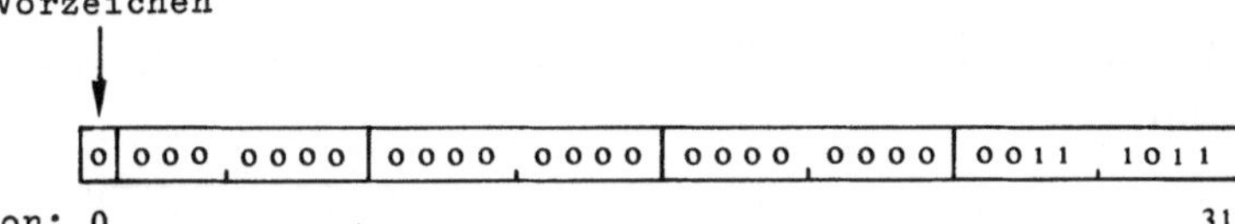

Bitposition: 0   31

Da die Bit-Position 0 zur Verschlüsselung des Vorzeichens benötigt wird, kann man ganze Zahlen

$$\text{von } -2^{31} \text{ bis } 2^{31}-1$$

in einem Wort (=ein Speicherplatz) speichern (2^{31} = 2 147 483 648 $\simeq 2 \cdot 10^9$).

II. Normalisierte Zahlen (Typ REAL)

Jede Zahl z, die von Null verschieden ist, kann man in der Form

$$z = b \cdot 10^e \quad \text{mit} \quad \frac{1}{10} \leqslant |b| < 1$$

normalisieren.

Beispiel

$$0{,}001273 = 0{,}1273 \cdot 10^{-2}$$

In der Rechenanlage werden Zahlen nicht zur Basis 10, sondern zur Basis 16 normalisiert:[+)]

$$0{,}001273_{dez} = 0{,}00536D65\ldots_{hex} \simeq 0{,}536D65_{hex} \cdot 16^{-2}$$

es gilt also

$$z = b \cdot 16^e \quad \text{wobei jetzt } \frac{1}{16} \leqslant |b| < 1 \text{ ist.}$$

[+)] Auch dies ist abhängig von der benutzten Rechenanlage; so sind auch Normalisierungen zur Basis 8 gebräuchlich.

Man unterteilt das Wort zur Speicherung der Zahl in feste Bereiche

- für das Vorzeichen,
- für den Exponenten e und
- für den Bruch b "Mantisse" (ohne Vorzeichen).

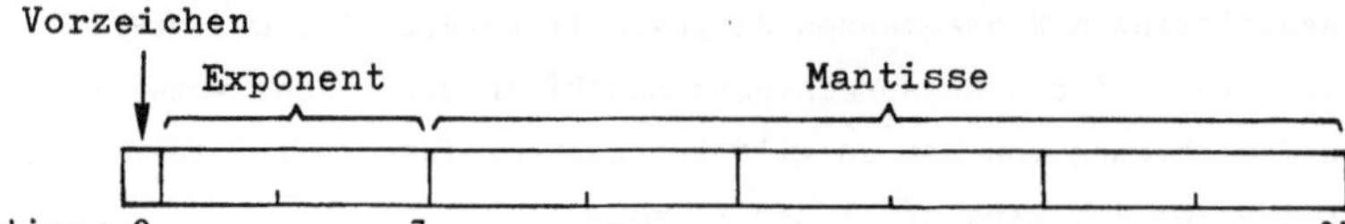

Um auch Zahlen mit negativen Exponenten verschlüsseln zu können, wird der
(externe) Exponent um 64 erhöht und dieser Wert im Exponentenfeld rechtsbündig
angegeben. Für den Wert 0,001273 erhält man also die interne Zahlendarstellung.[+]

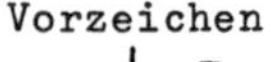

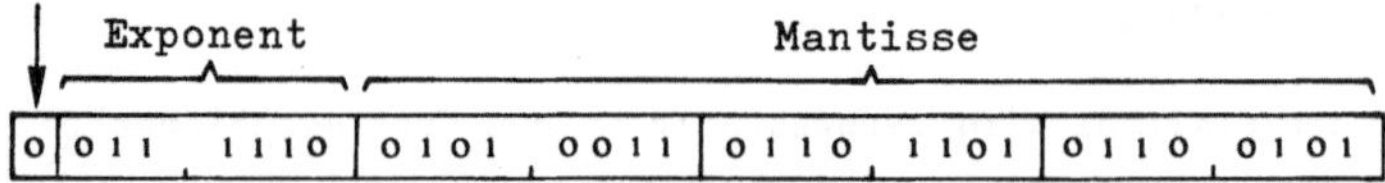

Wenn man je 4 Dualziffern zu einer Hexadezimalziffer zusammenfaßt, so erhält
man als Verschlüsselung der Zahl 0,001273 in einem Wort:

| 3 | E | 5 | 3 | 6 | D | 6 | 5 |

Man kann Zahlen darstellen, die betragsmäßig zwischen

$$\frac{1}{16} \cdot 16^{-64} \quad \text{und} \quad (1 - 16^{-6}) \cdot 16^{63}$$

liegen. Diesen Werten entsprechen etwa

$$0,54 \cdot 10^{-78} \quad \text{und} \quad 7,2 \cdot 10^{75}.$$

Die Zahl Null wird dadurch verschlüsselt, daß alle Bits auf Null gesetzt werden.
Für jede Zahl $z(\neq 0)$, die normalisiert ist, gilt

$$z = b \cdot 16^e \quad \text{wobei} \quad 0,1_{hex} \leq |b| \leq 0,\text{FFFFFF}_{hex} = 1 - 16^{-6} \text{ ist.}$$

Man erhält für die Differenz dz zweier unmittelbar benachbarter Werte

$$dz = 16^{-6} \cdot 16^e,$$

womit sich für den relativen Fehler $\frac{dz}{z}$ die Einschließung

$$16^{-5} = \frac{16^{-6} \, 16^e}{0,1_{hex} \, 16^e} > \left|\frac{dz}{z}\right| > \frac{16^{-6} \, 16^e}{(1-16^{-6}) \, 16^e} \simeq 16^{-6}$$

ergibt.

[+] Bis auf den oben angedeuteten Abbruchfehler.

Der relative Fehler reicht also von 16^{-6} bis 16^{-5}, was etwa den Werten 10^{-7} bis 10^{-6} entspricht. Hieraus folgt: In der Rechenanlage werden bei der internen Zahlendarstellung vom Typ REAL nur 6 bis 7 Dezimalziffern korrekt wiedergegeben. Eine Abfrage auf einen relativen Fehler, der kleiner ist als 10^{-5}, ist damit in den meisten Fällen illusorisch.

Für Aufgaben, die eine größere Genauigkeit erfordern, ist der Typ

DOUBLE PRECISION

vorgesehen. Dabei werden 2 Speicherplätze zu einem Doppelwort zusammengefügt, wobei das erste dieselbe Struktur wie bei Variablen des Typs REAL und das zweite 8 weitere (Hexadezimal-) Ziffern aufnehmen kann. Wir haben damit folgende Situation:

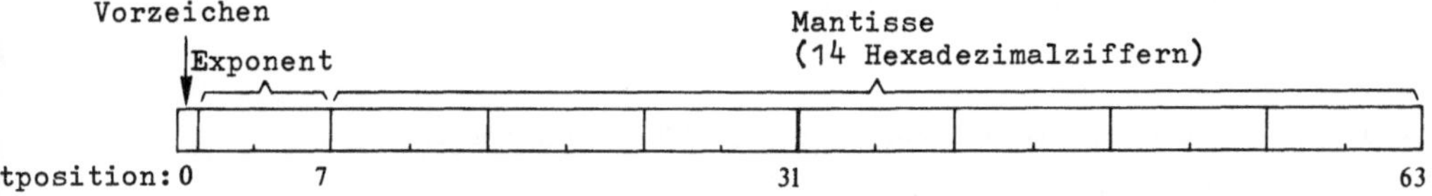

Mit den gleichen Überlegungen wie oben dargestellt ergibt sich für den relativen Fehler $\frac{dz}{z}$ bei doppelt genauer Zahlendarstellung eine Einschließung durch die Werte 16^{-14} und 16^{-13}. Dem entsprechen 15 bis 16 korrekt gespeicherte Dezimalziffern bei der Speicherung einer einzelnen Zahl. Bei einer längeren Rechnung kann ein Genauigkeitsverlust auch bei der doppelt genauen Zahlendarstellung eintreten.

Anhang B

<u>I. DO-Schleife in Fortran 77</u>

Die DO-Schleife hat folgende allgemeine Form:[+]

	Empfohlene Form:
DO n 1 = a,e,i	DO n 1 = a,e,i
s_1	s_1
...	...
n s_m	s_m
	n CONTINUE

In der DO-Anweisung darf nach der Statementnummer n ein Komma angegeben werden, um die Nummer von der nachfolgenden Laufvariablen 1 zu trennen. Falls das Inkrement i nicht angegeben wird - man also die Form

DO n 1 = a,e

benutzt, wird als Inkrement i der Wert 1 (INTEGER) angenommen.

Zur DO-Schleife gehören alle Anweisungen s_1 bis s_m. Da die letzte Anweisung der Schleife kein Statement der folgenden Art:

- GOTO
- arithmetisches IF, Block IF, ELSE IF, ELSE, END IF
- RETURN, STOP, END
- DO-Anweisung

sein darf, empfiehlt es sich, nach den Anweisungen $s_1,...,s_m$ das Ende der Schleife durch die Leeranweisung

n CONTINUE

zu markieren (siehe oben: Empfohlene Form).

Es ist klar, daß die Durchführung der Schleife dann beendet wird, wenn sie auf Grund einer Sprunganweisung GOTO verlassen wird. Das Gleiche gilt für die Anweisungen STOP und RETURN.

Die DO-Schleife wird in folgender Weise aufgelöst:

1. Die arithmetischen Ausdrücke a, e und i werden ausgewertet und in den Typ der Laufvariablen 1 umgewandelt. Die zugehörigen Werte seien mit w_a, w_e und w_i bezeichnet.

2. a) Der Laufvariablen 1 wird der Anfangswert w_a zugewiesen.

   b) Es wird ein ganzzahliger Schleifenzähler z etabliert und ihm der Wert

$$z = \max\left(\left[\frac{w_e - w_a + w_i}{w_i}\right], 0\right)$$

   zugewiesen.

[+]Die Variable 1 darf den Typ INTEGER, REAL oder DOUBLE PRECISION haben. Für a, e und i sind arithmetische Ausdrücke mit diesen Typen erlaubt.

3. Es wird geprüft, ob der Schleifenzähler z einen positiven Wert oder den
Wert Null besitzt.

   a) Hat z einen positiven Wert, werden die Anweisungen $s_1,\ldots,s_m$ der Schleife
ausgeführt.

   Anschließend wird

     - die Laufvariable l um den Wert w_i (der Schrittweite) erhöht und
     - der Schleifenzähler z um 1 erniedrigt

   und zu Punkt 3 (zum Testen des Schleifenzählers z) zurückverzweigt.

   b) Ist der Schleifenzähler z = 0, so wird das Programm mit der Anweisung
fortgesetzt, die der Schleife unmittelbar folgt.

Auf folgende Punkte sollte man bei Benutzung der DO-Schleife achten:

- Der Wert w_i des Inkrements i darf nicht Null sein.
- Innerhalb der Schleife dürfen den Größen l, a, e und i keine Werte
  zugewiesen werden.
- In eine DO-Schleife darf nicht von außen hineingesprungen werden.
- Nach Verlassen der DO-Schleife (Sprung nach außen, Abarbeitung der
  Schleife) besitzen die beteiligten Variablen (Laufvariable, eventuell
  weitere Variable) die ihnen zuletzt zugewiesenen Werte.
- Falls mehrere DO-Schleifen ineinandergeschachtelt werden, muß die
  innere Schleife ganz in der umfassenden liegen.

Beispiel:

```
    DO 9 K = 1,20,1
    L = K
    DO 8 J = 10,1,1
    M = J
  8 CONTINUE
  9 CONTINUE
```

Nach Durchlaufen der beiden Schleifen besitzen die Variablen folgende
Werte: K = 21, L = 20, J = 10. Der Wert der Variablen M ist undefiniert,
da die innere Schleife nicht ausgeführt wird.

Beispiel:

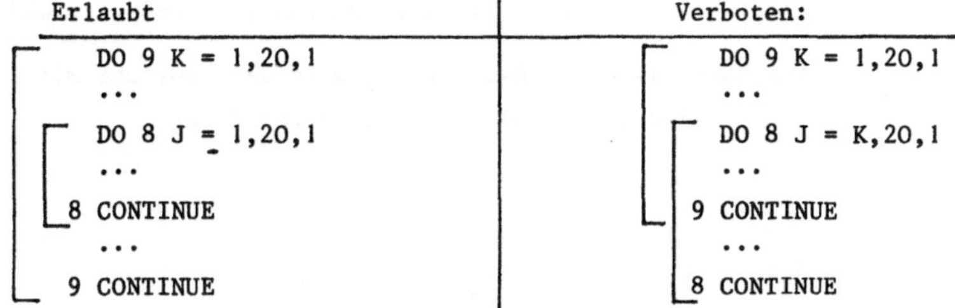

Erlaubt	Verboten:
`  DO 9 K = 1,20,1`	`  DO 9 K = 1,20,1`
`  ...`	`  ...`
`  DO 8 J = 1,20,1`	`  DO 8 J = K,20,1`
`  ...`	`  ...`
`8 CONTINUE`	`9 CONTINUE`
`  ...`	`  ...`
`9 CONTINUE`	`8 CONTINUE`

II. DO-Schleife in Fortran IV

In Fortran IV (alter Standard) war die DO-Schleife für die Benutzung von
Indizes und zum Zählen von Schleifendurchläufen vorgesehen. Es war deshalb
konsequent, für die Laufvariable 1 den Anfangswert a, Endwert e und das
Inkrement i den Typ INTEGER vorzusehen (a, e und i entweder INTEGER-Variable
oder INTEGER-Konstante mit positiven Werten). Unter diesen Einschränkungen
hat die DO-Schleife die allgemeine Form:

<table>
<tr><td>

```
    DO n  1 = a,e,i
       s
        1
       ...
    n s
       m
```

</td><td>

Empfohlene Form

```
    DO n  1 = a,e,i
       s
        1
       ...
       s
        m
    n CONTINUE
```

</td></tr>
</table>

Der Anfangswert a darf nicht größer sein als der Endwert e.[+)] Falls das
Inkrement i den Wert 1 besitzt, darf die Kurzform

```
    DO n 1 = a,e
```

benutzt werden.

Man hat ferner folgende Punkte zu beachten:

- Die Größen 1, a, e und i dürfen innerhalb der Schleife nicht verändert werden.
- Nach Durchlaufen der DO-Schleife ist der Wert der Laufvariablen 1 nicht
  definiert.
- Wenn unmittelbar vorher eine DO-Schleife durch eine Sprunganweisung ver-
  lassen wurde, darf wieder in die DO-Schleife zurückgesprungen werden.
  (Aus Gründen der Übersichtlichkeit sollte man hiervon keinen Gebrauch machen!)

Die DO-Schleife wird in folgender Weise abgearbeitet:

1) Der Laufvariablen 1 wird der Anfangswert a zugewiesen.
2) Die Anweisungen s_1 bis s_m werden ausgeführt.
3) Die Laufvariable 1 wird um das Inkrement i erhöht.
4) Es wird abgeprüft, ob die Laufvariable 1 den Endwert e überschritten hat.

   a) Ist 1 noch kleiner oder gleich dem Endwert e, wird zu Punkt 2 zurückverzweigt.

   b) Ist die Laufvariable 1 größer als der Endwert e, so wird das Programm mit
      der Anweisung fortgesetzt, die der DO-Schleife unmittelbar folgt.

[+)] Eine Reihe von Fortran-Compilern lassen a > e zu. In diesem Fall wird die
Schleife 1 x durchlaufen.

Anhang C

Vorgegebnene Funktions-Unterprogramme

a) Funktionen zur Typ-Umwandlung

| Name | | Typ | | Anzahl der | | |
generisch	speziell	Ergebnis	Argument	Argumente	Aufruf	Bedeutung
–	CHAR	ch	I	1	CHAR(n)	= das der Zahl n zugeordnete Zeichen
CMPLX	–	C	D, I, C oder R D, I oder R	1 2	CMPLX(a) CMPLX(a, b)	$= a + 0 \cdot i \quad (i = \sqrt{-1})$ $= a + b \cdot i$ ev. Genauigkeitsverlust!
DBLE	–	D	D, I, C oder R	1	DBLE(a)	1) = a in der möglichen Genauigkeit (falls a: D, I oder R) 2) = Realteil(a) falls a komplexwertig
–	ICHAR	I	ch	1	ICHAR(c)	= die dem Zeichen c zugeordnete ganze Zahl
INT	IFIX, INT IDINT – –	I	R D C I	1	INT(a) INT(z) INT(n)	$= \text{sign}(a) \cdot \lfloor a \rfloor$ wie oben, wobei a: Realteil(z) = n
REAL	FLOAT, REAL SNGL – –	R	I D C R	1	REAL(a)	= a in der einfachen Genauigkeit = Realteil von a = a

Zur Abkürzung wurden hier und in der nächsten Tabelle gesetzt:

C	COMPLEX
ch	CHARACTER
D	DOUBLE PRECISION
I	INTEGER
R	REAL

Als Argument(e) wurden folgende Zeichen benutzt:

a, b	Größen vom Typ C, D, I, oder R
c	" " " ch
n	" " " I
z	" " " C

Falls mehr als ein Argument für eine Funktion vorgesehen ist, müssen diese Argumente bei einem Aufruf denselben Typ besitzen. So ist z.B.

MIN(1,5, −3.4)   ein formal falscher Aufruf, vielmehr müßte er lauten:

MIN(1.,5.,−3.4)   (siehe Tabelle b)

b) mathematische Funktionen

Name generisch	Name speziell	Typ Ergebnis	Typ Argument	Anzahl der Argumente	Aufruf	Bedeutung
ABS	ABS CABS DABS IABS	R R D I	R C D I	1	ABS(a)	$= \lvert a \rvert$ $= ((\mathrm{Re}(a))^2 + (\mathrm{Im}(a))^2)^{\frac{1}{2}}$ $= \lvert a \rvert$ $= \lvert a \rvert$ $\Bigg\}$ in der jeweiligen Genauigkeit
ACOS	ACOS DACOS	R D	R D	1	ACOS(a)	
ASIN	ASIN DASIN	R D	R D	1	ASIN(a)	Umkehrfunktionen zu cos, sin, tan
ATAN	ATAN DATAN	R D	R D	1	ATAN(a)	
ATAN2	ATAN ATAN2 DATAN2	R R D	R R D	2	ATAN2(a, b)	$= \arctan\left(\frac{a}{b}\right)$
–	AIMAG	R	C	1	AIMAG(z)	$= \mathrm{Im}(z)$ (Imaginärteil von z)
AINT	AINT DINT	R D	R D	1	AINT(a)	$= \mathrm{INT}(a)$ (Typ R oder D)
ANINT	ANINT DNINT	R D	R D	1	ANINT(a)	$= \begin{cases} \mathrm{INT}(a+0.5) \text{ für } a \geq 0 \\ \mathrm{INT}(a-0.5) \text{ für } a < 0 \end{cases}$ $\Big\}$ Rundungen
NINT	IDNINT NINT	I I	D R	1	NINT(a)	$= \begin{cases} \mathrm{INT}(a+0.5) \text{ für } a \geq 0 \\ \mathrm{INT}(a-0.5) \text{ für } a < 0 \end{cases}$
–	CONJG	C	C	1	CONJG(z)	$=$ konjg. komplexer Wert von z
COS	CCOS DCOS COS	C D R	C D R	1	COS(a)	$= \cos(a)$ a im Bogenmaß
COSH	COSH DCOSH	R D	R D	1	COSH(a)	$= \dfrac{e^a + e^{-a}}{2}$
DIM	DDIM DIM DIM	D R I	D R I	2	DIM(a, b)	$= \begin{cases} a-b \text{ falls } a > b \\ 0 \quad \text{ sonst} \end{cases}$
–	DPROD	D	R	2	DPROD(a, b)	$= a \cdot b$ (in doppelter Genauigkeit)
EXP	CEXP DEXP EXP	C D R	C D R	1	EXP(a)	$= e^a$
–	INDEX	I	ch	2	INDEX(c_1, c_2)	$= \begin{cases} \text{Position in der CHARACTER-Variablen } c_1, \text{ in der Teilstring } c_2 \text{ beginnt} \\ 0 \text{ falls } c_2 \text{ nicht in } c_1 \text{ enthalten} \end{cases}$
–	LEN	I	C	1	LEN(c)	$=$ Länge der CHARACTER-Variablen c

b) mathematische Funktionen Fortsetzung

Name generisch	speziell	Typ Ergeb-nis	Typ Argu-ment	Anzahl der Argu-mente	Aufruf	Bedeutung
LOG	ALOG CLOG DLOG	R C D	R C D	1	LOG(a)	ln(a) (natürlicher Logarithmus)
LOG10	ALOG10 DLOG10	R D	R D	1	LOG10(a)	$\log_{10}(a)$
MAX	AMAX1 DMAX MAX0	R D I	R D I	$\geqslant 2$	$MAX(a_1, a_2, \ldots)$	$= \max(a_1, a_2, \ldots)$
— —	AMAX0 MAX1	R I	I R	$\geqslant 2$	$AMAX0(n_1, n_2, \ldots)$ $MAX1(x_1, x_2, \ldots)$	$= \max(n_1, n_2, \ldots)$ mit Typ-Umwandlung $= \max(x_1, x_2, \ldots)$ mit Typ-Umwandlung
MIN	AMIN1 DMIN1 MIN0	R D I	R D I	$\geqslant 2$	$MIN(a_1, a_2, \ldots)$	$= \min(a_1, a_2, \ldots)$
— —	AMIN0 MIN1	R I	I R	$\geqslant 2$	$AMIN0(n_1, n_2, \ldots)$ $MIN1(x_1, x_2, \ldots)$	$= \min(n_1, n_2, \ldots)$ mit Typ-Umwandlung $= \min(x_1, x_2, \ldots)$ mit Typ-Umwandlung
MOD	AMOD DMOD MOD	R D I	R D I	2	MOD(a, b)	$= a - INT\left(\frac{a}{b}\right) \cdot b$
SIGN	DSIGN ISIGN SIGN	D I R	D I R	2	SIGN(a, b)	$= \begin{cases} \|a\| \text{ falls } b \geqslant 0 \\ -\|a\| \text{ falls } b < 0 \end{cases}$
SIN	CSIN DSIN SIN	C D R	C D R	1	SIN(a)	$= \sin(a)$ a im Bogenmaß
SINH	DSINH SINH	D R	D R		SINH(a)	$= \dfrac{e^a - e^{-a}}{2}$
SQRT	CSQRT DSQRT SQRT	C D R	C D R	1	SQRT(a)	$= \sqrt{a}$
TAN	DTAN TAN	D R	D R	1	TAN(a)	$= \tan(a)$ a im Bogenmaß
TANH	DTANH TANH	D R	D R	1	TANH(a)	$= \tanh(a)$

Anhang D

Zusammenstellung aller Statements

Name	ausführbar	Beschrei- bung Seite	Bemerkungen
ASSIGN TO	x	–	Zuweisung einer Marke m an eine Variable
BACKSPACE	x	90	Zurücksetzen einer Datei um einen Satz
BLOCK DATA	–	81	Initialisierung von Variablen im benannten COMMON-Bereich
CALL	x	70	Subroutine-Aufruf
CHARACTER	–	51	Deklaration von Zeichenvariablen
CLOSE	x	90	Schließen einer Datei
COMMON	–	77	Festlegung von COMMON-Bereich(en)
COMPLEX	–	82	Deklaration komplexwertiger Variabler
CONTINUE	x	20	Leeranweisung (zum Setzen von Marken)
DATA	–	56	Initialisierung von Variablen
DIMENSION	–	28	Festlegung von Index-Grenzen bei Feldern
DO	x	21, 124	Schleifensteuerung
DOUBLE PRECISION	–	13, 123	Deklaration von Variablen mit doppelter Genauigkeit
ELSE	x	114	Einleitung der Alternative bei der Block-IF-Anweisung
ELSE IF (la) THEN	x	114	Einleitung von Fallunterscheidungen bei Block-IF-Anweisung
END	x	6, 63, 69	letzte Anweisung in einem Programmabschnitt
END IF	x	114	Ende zu einer Block-IF-Anweisung
ENDFILE	x	89	Schreiben der Endfile-Marke in Datei
ENTRY	–	–	Festlegung eines alternativen Eingangs für ein Unterprogramm (Name, Typ, Parameter)
EQUIVALENCE	–	81	Gleichsetzen von Namen für dieselben Speicherplätze
EXTERNAL	–	66	für externe Unterprogramme (als aktuelle Parameter)
FORMAT	–	32, 45	Format-Angabe für Ein- und Ausgaben
FUNCTION	–	63	Deklaration eines Funktionsunterprogramms
GOTO	x	16	verschiedene Formen der Sprunganweisung
assigned GOTO	x	–	
computed GOTO	x	76	
IF (aa) ...	x	19	arithmetische IF-Anweisung
IF (la) ...	x	16	logische IF-Anweisung
IF (la) THEN	x	114	Block-IF-Anweisung
IMPLICIT	–	28	implizite Deklaration von (Variablen) Namen

Name	ausführbar	Beschrei- bung Seite	Bemerkungen
INQUIRE	x	–	Abfrage von Datei-Parametern
INTEGER	–	9, 121	Deklaration ganzzahliger Variabler
INTRINSIC	–	68	Charakterisierung vorgegebener Funktionen
LOGICAL	–	18	Deklaration Boolescher Variabler
OPEN	x	88	Eröffnen einer Datei
PARAMETER	–	–	Festlegen eines Namens für einen konstanten Wert
PAUSE	x	–	kann für interaktive Aufgaben benutzt werden
PRINT	x	–	Ausgabe auf Drucker (einfachere Form von WRITE (6,...))
PROGRAM	–	–	Festlegen eines Namens für das Hauptprogramm
READ	x	45, 88	Einlesen von Daten
REAL	–	4, 121	Deklaration von reell-wertigen Variablen
RETURN	x	63, 69	Rückkehr vom Unterprogramm in den aufrufenden Programmabschnitt
REWIND	x	90	Positionierung auf den ersten Datensatz einer Datei
SAVE	–	74	Retten von Werten von einem Unterprogramm-Aufruf zum nächsten
Statement Function	–	61	Deklaration einer Funktion durch eine Anweisung
STOP	x	6	Beenden der Programmausführung
SUBROUTINE	–	69	Deklaration einer Subroutine
WRITE	x	32, 88	Übertragen von Daten in eine Datei
Zuweisungsanweisung	x	5	Zuweisung eines Wertes an eine Variable

Zusätzliche Anweisungen, die nicht zum Standard Fortran gehören

Name	ausführbar	Seite	Bemerkungen
DECODE	x	94	Lesen aus einem Bereich des Arbeitsspeichers
DEFINE FILE	–	119	Definieren einer Direkt-Zugriffsdatei
ENCODE	x	95	Schreiben in einen Bereich des Arbeitsspeichers
READ DISC	x	119	} Lesen von der bzw. Schreiben auf die
WRITE DISC	x	119	Magnetplatte im direkten Zugriff

Sachwortverzeichnis

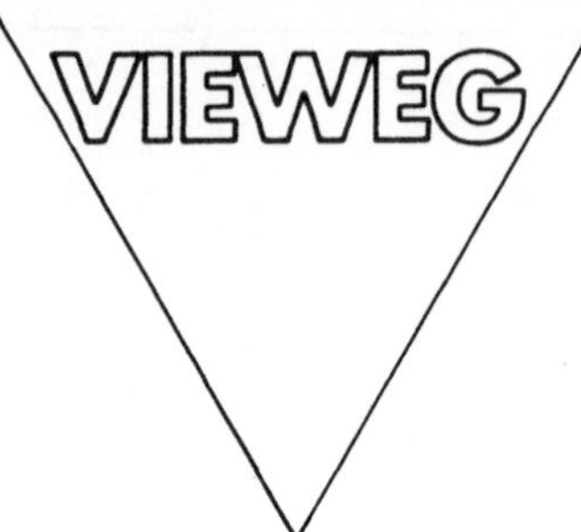

Manfred Nagl

Einführung in die Programmiersprache ADA

Skriptum für Hörer aller Fachrichtungen ab 1. Semester. 1982. IX, 348 S. DIN C 5 (uni-text/skriptum). Pb.

<u>Inhalt:</u> Einführung und Grundbegriffe — Objekte für das Programmieren im Kleinen — Datenstrukturierung detailliert — Programmieren im Großen — Nebenläufige Programmierung — Beziehungen zur Umgebung — Literatur — Anhänge — Stichwortverzeichnis.

Das Verteidigungsministerium der USA hat in einem weltweiten Wettbewerb eine neue Programmiersprache für Realzeitanwendungen mit dem Namen ADA ausgewählt. Die Sprache ist aber ebenfalls für die Programmierung beliebiger anderer Probleme einsetzbar und faßt den Stand der Technik auf dem Programmiersprachensektor zusammen. Momentan ist eine weltweite Initiative im Gange, die Sprache zu implementieren. Wegen der Potenz des Geldgebers, der wohl in Zukunft verlangen wird, daß ein Großteil der Software für ihn in ADA geschrieben wird, dürfte diese Sprache eine Bedeutung erhalten wie die Programmiersprache FORTRAN oder COBOL, zumindest aber wie PL/I.